康 樂 主編 新　　橋　　譯　　叢

"Hinduismus und Buddhismus"
Gesammelte Aufsätze zur Religionssoziologie

新橋譯叢 | **38**

印度的宗教：
印度教與佛教 II

著者 / 韋伯
　　　 (Max Weber)

譯者 / 康樂・簡惠美

總主編 / 康樂

　　　　　　　石守謙・吳乃德・梁其姿
編輯委員 / 章英華・張彬村・黃應貴
　　　　　　　葉新雲・錢永祥

總策劃 / 吳東昇
允晨文化實業股份有限公司
台北市南京東路 3 段 21 號 11 樓

發行人 / 王榮文
出版・發行 / 遠流出版事業股份有限公司
台北市南昌路 2 段 81 號 6 樓
郵撥 / 0189456-1
電話 / 2392-6899
傳真 / 2392-6658

香港發行 / 遠流(香港)出版公司
香港北角英皇道 310 號雲華大廈 4 樓 505 室
電話 / 2508-9048
傳真 / 2503-3258
香港售價 / 港幣 173 元

法律顧問 / 王秀哲律師・董安丹律師
著作權顧問 / 蕭雄淋律師

1996 年 7 月 30 日　初版一刷
2004 年 9 月 30 日　初版二刷
行政院新聞局局版台業第 1295 號

售價新台幣 520 元
缺頁或破損的書，請寄回更換
版權所有・翻印必究　**Printed in Taiwan**
SBN 957-32-2886-6（一套；平裝）
ISBN 957-32-2877-7（第 II 冊；平裝）

YLib 遠流博識網
http://www.ylib.com
e-mail: ylib@ylib.com

新 橋 譯 叢　印度的宗教：印度教與佛教 II

38

著者／韋伯　　　　　　　譯者／康　樂・簡惠美

總　序

　　這一套《新橋譯叢》是在臺灣新光吳氏基金會與遠流出版公司合力支持下進行編譯的。其範圍廣及人文社會科學的幾個最重要的部門，包括哲學、思想史、歷史學、社會學、人類學、政治學、經濟學等。我細審本叢書的書目和編譯計劃，發現其中有三點特色，值得介紹給讀者：

　　第一、**選擇的精審**　這裡所選的書籍大致可分為三類：第一類是學術史上的經典作品，如韋伯(M. Weber, 1864-1920)和牟斯(Marcel Mauss, 1872-1950)的社會學著作，布洛克(M. Bloch, 1886-1944)的歷史學作品。經典著作是經得起時間的考驗的；作者雖已是幾十年甚至百年以前的人物，但是他們所建立的典範和著作的豐富內涵仍然繼續在散發著光芒，對今天的讀者還有深刻的啟示作用。第二類是影響深遠，而且也在逐漸取得經典地位的當代著作，如孔恩(T. Kuhn)的《科學革命的結構》(1970)，杜蒙(Louis Dumont)的《階序人——卡斯特體系及其衍生現象》(1980)等。這些作品是注意今天西方思想和學術之發展動向的中國人所不能不讀的。第三類是深入淺出的綜合性著作，例如紀登斯(Anthony Giddens)的《資本主義與現代社會理論：馬克思、涂爾幹、韋伯》(1971)，帕森思(T. Parsons)的《社會的演化》(1977)，契波拉(Carlo M. Cipolla)主編的《歐洲經濟史論叢》(*The Fontana Economic History of Europe*)。這些書的作者都是本行中的傑出學人，他們鉤玄提要式的敘述則可以對讀者有指引的功用。

第二、**編譯的慎重** 各書的編譯都有一篇詳盡的導言，說明這部書的價值和它在本行中的歷史脈絡，在必要的地方，譯者並加上註釋，使讀者可以不必依靠任何參考工具即能完整地瞭解全書的意義。

第三、**譯者的出色當行** 每一部專門著作都是由本行中受有嚴格訓練的學人翻譯的。所以譯者對原著的基本理解沒有偏差的危險，對專技名詞的中譯也能夠斟酌盡善。尤其值得稱道的是譯者全是年輕一代的學人。這一事實充分顯示了中國在吸收西方學術方面的新希望。

中國需要有系統地、全面地、深入地瞭解西方的人文學和社會科學，這個道理已毋需乎再有所申說了。瞭解之道必自信、達、雅的翻譯著手，這也早已是不證自明的真理了。民國以來，先後曾有不少次的大規模的譯書計劃，如商務印書館的編譯研究所、國立編譯館和中華教育文化基金會等都曾作過重要的貢獻。但是由於戰亂的緣故，往往不能照預定計劃進行。像本叢書這樣有眼光、有組織、有能力的翻譯計劃，是近數十年來所少見的。我十分佩服新光吳氏基金會與遠流出版公司的深心和魄力，也十分欣賞《新橋譯叢》編輯委員會的熱忱和努力。我希望這套叢書的翻譯只是一個新的開始，從初編、二編、三編，不斷地繼續下去。持之以恆，人文學和社會科學在中國的發展一定會從翻譯進入創造的階段。是為序。

余英時
1984年9月5日

編　序

　　《新橋譯叢》編輯委員會決定編譯瑪克斯・韋伯的經典著作，蓋認爲將這些作品譯成中文，對國內人文與社會科學之研究，當大有助益。

　　編輯委員會經過多次討論，初步決定編譯一套《選集》，分別就政治、宗教及經濟史各層面選譯韋伯作品，俾初學者得有一入手把柄。其次，爲韋伯若干最重要經典之全譯，亦即：《經濟與社會》（包括《宗教社會學》、《支配社會學》與《法律社會學》等）、與《宗教社會學論文集》（包括《中國的宗教》、《印度的宗教》與《古猶太教》等），以便讀者得窺韋伯學術之全貌。藉此兩項工作，《新橋譯叢》希望能將韋伯學術有系統且較完整地呈現在國人面前。

　　韋伯學術之博大精妙，其德文原著之艱深複雜，已爲世所公認。編譯小組工作同仁雖務求於傳述原意方面達最可能之精確，格於學力，錯誤之處恐亦難免，至盼學界賢達先進不吝賜正，庶幾國人終能得有一更完善之韋伯譯本。

　　翻譯是一種事業，或者，套個韋伯慣用的辭彙，翻譯更應該是一種"志業"。《新橋譯叢》秉此精神從事譯述，並將成果貢獻給社會。是爲序。

康　樂

1993年7月1日

目　錄

（Ⅰ）

第一編　印度教的社會制度

第二編 印度知識份子之正統的與異端的救贖學說

第3篇
亞洲的教派宗教與救贖宗教

1

原始佛教轉化的一般因素

　　在印度貴族式的主智主義救世論(Intellektuellensoteriologie)[1]裡，原始佛教如果不是歷史上最後一個，也是其中最堅決也最首尾一貫的一個，以此，也可說是此種救世論的"極致"。就外在而言，佛教是救贖宗教裡唯一曾經，至少在某個時期內，亦即孔雀王朝時，成爲全印度境內的一個支配性的官方教派。當然，並非永久。原因在於其內在理路及其外在的弱點，換言之，在實踐的態度上，佛教將救贖侷限於眞正走上究極之道而成爲僧侶的人，至於其他人，亦即俗人，則基本上無所掛懷。我們可以從佛教所頒給俗人的戒律中看出，這不過是些缺乏內在統一性觀點的外在妥協。尤其是，欠缺耆那教所創造出來的那種俗人的共同體組織。即使是修道僧組織本身，如我們先前所見的，也僅限於絕對必要的程度。此種俗人組織付之厥如的情形，在歷史上所造成的結果

---

[1] 這樣一種貴族的主智主義救世論正是原始佛教與基督教之間一切重大差異的根本所在。如我們先前所見，對後者而言，對立於任何一種貴族的主智主義，是根本重要的。

是：佛教在其本土上徹底消失。儘管做出許多妥協(我們將予以探討)，佛教仍然不敵印度教諸正統和異端教派的競爭，它們可是知道如何鞏固俗人於其領導關係之下的。

同樣的，佛教也證明其無力抵擋外來的勢力，特別是回教。除了瘋狂地毀棄印度所有宗教的偶像之外，回教侵略者當然、也特別企圖掃除被征服民族的領導階層，包括貴族——如果他們無法被改宗的話，以及僧侶——回教徒很有理由視他們為有組織的宗教共同體生活的真正擔綱者。如後文裡將論及的，回教在本質上打一開始便對修道僧的禁慾苦行抱持反感。因此，"光頭的婆羅門"、修道僧，其中特別是佛教僧侶，便成為回教徒首要無情屠戮的對象[2]。然而佛教的教派一般全都集中存在於僧院與修道僧共同體(僧伽)裡，這些若被消滅，佛教社會也就沒有了。事實上，在回教的征服下，其存在痕跡可說是絕無僅有的了。破壞是如此的徹底，以致於連聖地之所在，特別是藍毗尼(Lubini，佛陀的誕生地)，"印度的伯利恆"，也被忘得一乾二淨，直到歐洲人的考古挖掘才再度發現。其實，早在此一外來的災難之前，佛教在印度曾有的支配也已因其他救世論的競爭而不保。尤其是，在與他們相競高下的那場徒勞無功的鬥爭裡，佛教本身的內在結構也有了深

---

[2] 「(回教將領)穆罕默得‧巴哈蒂爾……衝進一座堡壘的大門(即郁丹陀普羅大學)，佔領這個地點，大量劫掠品落到勝利者手中。這個地方大多數居民是剃光頭的婆羅門(實即佛教比丘)，他們都被處死了。在那裡發現大量藏書，……他們召喚一些人來講解內容，但是所有的人都已經殺光了。………當他們到達這個地點的時候，他們包圍了它，……這個城市立即陷於慘境，禁止人民崇拜偶像(佛像)，偶像都被回教徒焚燒了。有些人民也被焚燒，其餘的被殘殺了」，詳見A. K. Warder,《印度佛教史》(下)，p. 220。——譯註

刻的轉化。這使得他不再可能保有其於印度的支配地位,然而卻令其本質上以此種改變的姿態成為印度境外的一個"世界宗教"。

促成轉化的因素,除了無可避免的要適應生存於世間的條件之外,便是俗人階層的利害考量。尤其是這個俗人階層在本質上相當不同於佛教興起時的刹帝利階層和富裕商人(Schreschthi)家族。佛教的興起,和耆那教一樣,起先是得助於城市貴族,特別是市民階層的富貴者。拒斥祭司知識和令人無法忍受的儀式生活規制,由方言取代不可解的梵文死語,宗教上貶斥種姓對於通婚與社交的禁制,不淨的世俗祭司階層的樞紐權勢、為實際真摯地過著神聖生活的救贖追求者階層所壓倒,所有這些必然都是遠為正面切中一般俗人文化的特徵,特別是切中城市初次興盛時代裡富貴的市民階層之所求。當時,種姓的藩籬鬆解了,至少對宗教救贖的追求而言。唯有婆羅門的吠檀多學派堅持這樣的原則:唯有再生種姓的成員方能獲得救贖。數論派則毫不懷疑連首陀羅都有可能獲得救贖。佛教,至少在加入修道僧教團這點上,根本不問種姓的歸屬問題,儘管它如此重視言行舉止和教育上的出身,並且明白強調其大多數弟子是來自於高貴的身分階層。

2

阿育王

　　在亞歷山大東征帶來北印度與希臘文化相當短促的首次接觸之後，很快的便興起了(就我們所知)在孔雀王朝治下的第一個印度大君主制。常備軍與軍官、王屬官僚階層及其龐大的書記機構、國王的包稅者及王家警察，成為支配的勢力。城市貴族被利用為貸款提供者，亦即供輸與服務的承擔者，但逐漸被逐退到後台，手工業者作為賦役與貢租的擔綱者成為新興的勢力。古代的弱小王國為大君主的家產制所取代。以此，貴族與富裕市民階層的處境也不可避免地有了轉變。根據婆羅門傳統的記載，孔雀王朝是下層出身者所建立的，而一個家產制君主也必然傾向於將至少是官僚位階和軍官團的位置提供給下階層者作為晉升的機會。首先，這與救贖宗教的佛教之無視於身分制的界限完全吻合，而事實上，首次將整個印度文化領域成功地統合到一個統一王國裡的孔雀王朝大君主阿育王本身也改宗佛教，起先是作為一個俗人在家眾，後來甚至正式成為教團的成員。

貴族身分階層之**政治**權力至少相對而言的齊平化，特別是古老的刹帝利階層、及其作爲高貴騎士敎養之獨立核心的無數小城砦之明顯的沒落，必然爲相互競爭的諸宗敎之社會條件帶來深刻影響。被諸宗敎所相互爭取其靈魂的"俗人"，不再專只限於敎養貴族，而是及於廷臣、精通文書的官吏，以及小市民與農民。如何滿足他們的宗敎需求，也同樣是王侯、祭司與修道僧所必要考慮的。政治權力擁有者考慮到如何以此來馴服大眾，而宗敎擔綱者則視此爲爭取大眾爲其宗敎權力之支持者的機會、以及成爲其俸祿與隨機收入的一個來源。就此，開展出印度正統派救世論的平民時代，或者，更正確的說：以滿足平民宗敎需求爲目的的一個時代。我們可以將此相比於西方的反宗敎改革時代及其稍後的時代，這些時代也同樣是與家產制大國的形成相呼應。當然，這其間總有個重大的差異。在歐洲，天主敎敎會強固的敎權制組織，首先是在其佈敎—煽動的感情性格裡，次而在其制度之走上助理司祭制的官僚化結構裡，得到貫徹[1]。反之，在印度，不得不

---

[1] 所謂"助理司祭"(Kaplanokratie)，乃是在敎區甚大或有其他特殊情況下，爲輔佐主任司祭而常設的代理司祭。此種助理司祭自中世紀初期即已存在，唯當時是由主任司祭所任免。特倫特(Trent)大公會議亦未能就此點做任何改革。到了十九世紀初，任免權習慣上由主敎掌握，助理司祭對主任司祭的獨立性乃得以增強。根據現行敎會法典，主敎於任免助理司祭時，應徵詢主任司祭的意見。韋伯說過：天主敎會對各種中介權力的清除，最初乃針對封建力量，其次又擴展到所有獨立的地方性中介力量。清除運動自敎宗葛列格里七世(Gregory VII)開始，經特倫特大公會議及梵諦岡大公會議，最後在庇護十世(Pius X)的詔令下宣告結束。這些中介力量就這樣被轉化爲羅馬敎廷的純粹職員，而形式上原本完全從屬性的"助理司祭"(監督世俗組織的輔助性敎士)，在此過程中不斷擴大其實際的影響力(此一過程主要是基於天主敎會政治性

透過一個只像個身分團體或鬆散的僧院團體似的結合、但非組織化的教權制，來進行一種極為複雜的調整。

宮廷社會所無法得之於原始佛教的，一方面是高貴的文書教養與藝術造形的契機，另一方面是馴服大眾的手段。

小市民與農民對於高貴教養階層的救世論成果是無從下手的。其中尤其是原始佛教的救世論。他們並沒有想要冀求涅槃，也同樣很少想要與梵合一。特別是，他們手頭根本就沒有足以獲取此種救贖目標的手段。事實上，獲得靈知必須要有冥思的空閒。然而他們並沒有這種空閒，並且一般而言，他們也看不出有何道理要藉著林棲的贖罪僧生活來獲得這種閒暇。因此，正統派與異端派的救世論都在某種程度上對此有所照應：正統派是藉著種姓儀式主義的救贖許諾，異端派則是藉著第二義的俗人倫理，來應許此世和來生的果報。然而，所有這些在本質上都是消極的，並且特別是帶著儀式主義的性格。這根本滿足不了特有的宗教需求，諸如：超世俗的感性體驗，以及處於內在外在憂患時的緊急援助。無論何處，那種切實的感情性需求一直都是大眾宗教決定性的心理特徵，恰相對反於一切主智主義救世論的合理性格。

對於感情性的大眾宗教意識，全世界也就只有兩種典型的救世論可能：巫術或救世主。或者二者合而為一，例如：活生生的救世主，作為肉體與心靈苦難當中的巫師與救援者，或者，已故而被神格化的救世主，作為救難聖人和仲裁者——在憑神或降神的體驗裡，他被熱烈祈求並且成為感性—恍惚地被再度喚醒的超

<hr />

的組織)。這個過程因此也代表官僚制的進展。*Economy and Society*, Vol. II, pp.985-6。——譯註

世間對象。幾乎所有印度的救世論都走上順應於這種特有的平民宗教需求的道路。這是理解我們現在所要描述的發展應該具有的基本認識。

在與俗人的關係上，原始佛教至少相對而言——或者根本就是——反巫術的。因為，不自誇具有超人能力的嚴格戒律(僧侶的第四條誓願，違者處以死罪)[2]，無論再怎麼有限地解釋其意涵，也都排除了或至少貶抑了僧侶作為巫術性救難者和治療者的可能。同樣的，原始佛教至少相對而言是反偶像的。佛陀禁止他人為自己造像的禁令，被確實傳承下來，而許多真正的原始佛教改革者則將某種相對上、帶有幾分西妥教團性格的清教主義引進教會藝術裡，這多半——同樣的，也和西妥教團的情形一樣——並無礙於其藝術的造詣。最後，原始佛教根本就是非政治的；與政治權力的內在關係，幾乎毫無蛛絲馬跡可尋。然而，最先出現變化的，就是最後這一點。

原始佛教在印度孔雀王朝的阿育王治下達到其鼎盛期。阿育王是第一個倣照埃及、亞述和希臘的方式而將其事蹟與政令永存於石崖、石窟與石柱碑文上的君主[3]。這位君主有機會先成為見習沙彌、次而成為公認的教團成員，但仍然保持其為君王[4]，此事顯

---

[2] 波羅夷第四戒為"大妄語戒"，乃指實際未證得卻妄言已證得宗教體驗(超人間之境界)，違反者處以"破門"，即逐出教團，其人永墮地獄。——譯註

[3] 除了大全集之外，最重要的一些碑文皆可見於，V. A. Smith, *Açoka* (Oxford, 1901)。

[4] 此事明白見於一般所謂的〈小石訓第一〉的詔敕裡：大王在當了兩年半的優婆塞之後，如今已是加入教團的第六年。
根據日譯者的考訂，"六年"之說已普遍被學界揚棄，現今改採"一年有

示出教團大幅度的調節適應，而阿育王本身亦一再強調，同時贏得今生與來世是有多麼的困難[5]。因爲君主到底並不被視同爲一般僧侶，而是享有一種獨特的地位。以此，佛教開始出現某種政治理論的端倪，亦即：現世君主(cakravartirājan, 轉輪聖王)[6]的權力勢必是要來彌補佛陀的宗教力量——以其必然放下一切世俗行爲——之不足。他猶似拜占庭帝國的君主所宣稱的那樣一個教會的保護者。他的石訓詔敕亦顯示出某種半神權政治的特有歸結。

阿育王的改宗起先是發生在血腥征服羯陵迦王國(Kalinga)之後。他宣稱[7]：他深爲後悔那樣的屠殺，儘管那是征服之際所不可

餘"的說法。——譯註

[5] 見〈柱訓第一〉裡的詔敕。

按：在〈德里柱訓〉有如下一段：「我人若非篤愛正法，嚴於自制，尊老敬賢，畏懼罪惡與夫熱心從事正法之履行，則實難獲得今生與來世之歡愉生活」，見周祥光譯，《阿育王及其石訓》，p. 42。——譯註

[6] 轉輪聖王的觀念爲古印度的傳統政治觀念。傳說中，誰能統治全印度，"金輪寶"即會出現，它能無堅不摧，無敵不克，擁有"輪寶"的統治者便被稱爲轉輪聖王。用中國人的觀念來說，就是真命天子。這裡所說的"金輪"，原文爲cakra，乃戰爭時所用的輪狀武器，印度神話中毗濕奴所持的法寶(神盤)，應該就是類似的武器。到了原始佛教經典裡，"輪寶"(或"寶輪")已轉變成一種具有象徵性意義的信物。《長阿含·轉輪聖王修行經》提到，君主若能奉行"正法"(Dharma, 當然是佛法)，則"輪寶"自會顯現空中，以證明其統治之正當性，四方有不服者，"輪寶"即會旋轉而去，君主只要隨之而行即可平定天下(《大正新修大藏經》，1:6, pp. 39-42)。轉輪聖王當然只是個理想中的人物，類似中國遠古時代聖君的傳說(堯舜)，若就現實歷史而言，則阿育王確可被視爲最接近此一理想的人物。——譯註

[7] 〈大石訓第十三〉中的詔敕。

按：在〈沙伯斯伽梨石訓〉中，阿育王說道：「天所親王(即阿育王自

免的，但還是有許多虔誠的人們喪失了性命。今後，子孫應謹從正法(Dharma)，不以武力征服，要透過、要爲了眞正的信仰之力而征服，然而，對他而言，比此種和平的征服本身更爲重要的，是靈魂的救贖，是來世。從傳統的君王正法到此種宗教─和平主義的轉折，勢必毫無轉圜餘地的要朝向一種家父長的、倫理的、慈善的福利國家理想之路發展。君主負有照料土地與人民的義務[8]，必須要爲公眾的福祉而努力，以使臣民"幸福"且"贏得天國"。王國

稱)在其加冕後第八年，征服羯陵迦王邦。在羯陵迦一戰中，羯陵迦之人民與動物等被俘者達十五萬左右。戰死沙場者達十萬人，更不知有多少生靈塗炭。此日羯陵迦既已征服，天所親王則朝夕思維並以全力使"正法"傳入該邦，使"正法"宏揚於該邦人民。此係天所親王因用武力而征服他邦，見生靈塗炭，心有悔悟，有所爲之也。………惟天所親王最感痛心者，則在戰爭之時，無辜使婆羅門僧、佛教徒及他教人士受著傷亡之禍，彼等居於羯陵迦王邦內，孝順父母長者，對友朋有信義，對僕役有仁慈，卻受此不白之冤。………總之，在戰爭之時，所有人民無不受災禍之害。此爲天所親王所感痛心者。………天所親王現思及以"正法"征服人者，爲最善之征服方法。………此一"正法"佈告鐫於石上，含有下列目的：我的子孫不可想到以武力發動新的征服人家爲有價值之成功，對於被征服之人民，應採取寬大政策，施以輕罰，縱以武力征人，亦當思及以"正法"服人者，乃眞正之征服也。以"正法"服人者，能使今世與來生，皆獲幸福。讓彼等盡情享受與"正法"所生之歡愉。不僅今生，即來世亦然」(《阿育王及其石訓》，pp. 33-35)。──譯註

[8] 《大石訓第八》。

〈道理石訓〉：杜啥離(Tosali)之"正法官"爲該城之司法官員，天所親王爲之言曰：「……我任命汝等管理萬千人民，其主要目的乃使庶民能對我發生愛戴之情。所有臣民皆爲我之子。我之視彼等抑若我自己之子弟然，我希望彼等在今世及來世能享受一切福利與歡愉，同樣的我希望所有天下之人亦然。………無論如何，汝等居何位置，宜對前述之事，有所留意之」(《阿育王及其石訓》，p. 36)。──譯註

的政務必須迅速確實，所以務必隨時隨地上報給君主[9]。君主本身也要好好過一種模範生活，放棄行軍打仗和狩獵——直到那時爲止，和其他各處一樣，狩獵一直都是和軍事息息相關的基礎教育，並在和平時期替代了軍事訓練。捨此而就的是[10]：在巡行時，致力於信仰的傳布[11]。基於不殺生的教義，他不准人們在首都華氏城(Pāṭaliputra)開殺戒，禁止和肉食狂迷相關連的祭典(samaja)，並且宣告從此以後宮內御廚不再屠殺任何牲畜[12]。有必要在必備的藥舖之外，爲人們與動物廣興醫療處所，道路兩旁亦須廣植果樹與遮蔭路樹[13]，並且爲人與動物設置休憩所且給予施捨[14]。不義的拷打與監禁必須停止[15]。

此中，最爲重要的特質即在於：隨原始佛教之拒斥暴力而來的"寬容"。阿育王聲明，所有他的臣民，不論其信仰爲何，皆爲其"子"，並且——換句話說，讓人想起《薄伽梵歌》——要緊的

---

[9]　〈大石訓第六〉。

[10]　〈大石訓第四〉：「取代戰鼓，法鼓必得要敲響」。

[11]　〈大石訓第八〉。

[12]　〈大石訓第一〉。

[13]　〈大石訓第二〉。

　　〈德里柱訓〉：天所親王如是言曰：「我曾將榕樹植於道旁，使人獸有蔭蔽之處。此外，我栽種檬果林木，亦屬同一原因。我曾規定每隔二十哩之處，必掘一井，旅行宿舍亦然。更建築無數貯水池或茶亭，以便人獸飲喝之需。此種設備雖屬小事，不值細述。且過去帝王曾同樣賦予人民以此類設備享受。不過我之所以作若是便民之事，欲使人民崇仰正法實施之有益耳。」（《阿育王及其石訓》，pp. 45-6）。——譯註

[14]　〈柱訓第七〉。

[15]　〈羯陵迦石訓〉。

是信仰的真誠與鄭重，並且從教義中得出實踐性的歸結，因此，
典禮與外在的儀式是沒有多大用處的[16]。在這些事上，總有許多敗
行，特別是阿育王所嚴加非難的婦女之所作所為[17]，以及倫理上的
墮落行徑(或許是指涉性的狂迷)。阿育王對於捐獻與宗教上的外在
威嚴，並不怎麼在乎，反倒是專注於"事情的本質"是否被履行出
來[18]。他尊重所有的教派和所有的身分階層，富者與貧者、婆羅
門、苦行者、耆那教徒、Ājivika(毗濕奴派的苦行宗派)[19]和所有其
他人，都與佛教徒一視同仁，只要他們都真正地尊奉自己的宗派
信仰[20]。事實上，各宗派也都得到他的贊助。尤其是，至少在早期

16　〈大石訓第九〉。

17　同上。
　〈孟西羅石訓〉：天所親王如是言曰：「庶民在其疾病，或其子女婚
　嫁，或於分娩，或出外旅行之時，施行種種禮拜。在此等或相似之節
　日，庶民舉行極多之禮拜或祭祀；尤其婦女所施行之各種不同禮拜，
　實庸俗而毫無意義在也。當然，禮儀應行舉行。唯前列各種禮拜，常
　發生不良之結果」(《阿育王及其石訓》，pp. 30-31)。——譯註

18　〈大石訓第十二〉。

19　阿時縛迦派，乃佛教興起時，古印度自由思想學派之一，與順世學派
　地位同等重要。此派主張無因論、自然論，強調人類世界之苦樂並無
　原因，只是一種自然的結合，結合時為"得"，分散時為"失"，並承認有
　地、水、火、風、虛空、靈魂等，由其代表性人物末伽梨拘舍梨子
　(Maskari Gośāliputra)之思想推斷，為一種傾向無因無緣之宿命論。——
　譯註

20　〈柱訓第六〉與〈柱訓第七〉。
　〈沙伯斯伽梨石訓〉：「天所親王對於各宗教人士，不論其在家或出
　家，一律尊敬之，並贈予種種禮物，以表欽慕之情。然天所親王並無
　考慮到彼之尊敬各宗教人士以及布施禮物，須使"正法"能宏揚各宗教人
　士中。蓋"正法"之宏揚，其道甚多，惟基本之要點，在於慎言，即我人
　在非公開之場所，不可道自己所信宗教之長、他教之短。同時，我人

的詔敕裡，他還訓示人民要敬畏婆羅門。各個宗教派別必須避免相互貶抑，這在任何情況下都是不對的[21]，而必須一律轉而專注於培養各自教義的倫理內涵。顯然，這些倫理內涵作爲宗教信條，在阿育王看來本質上都是一樣的，只不過業已最完備地包含在佛教的正法裡。他將這些一般相關連的倫理內涵概括爲"信仰戒律"，並一再地例舉以下數則：1.服從父母(以及長者)[22]；2.慷慨對待朋友、親戚、婆羅門與苦行者；3.尊重生命；4.避免任何的激情與放縱[23]。並不是每個人都能履行所有的戒律，但是，每一個教派都得致力於感官的控制，並且培養與弘揚心靈的純潔、感恩與真誠[24]。每一椿善行都會在來世帶來果報，並且往往就在現世[25]。

　　爲了監督和貫徹這些理念，阿育王創設了一種特別的官職，通常被稱之爲"正法官"(Dharma Mahāmatra)。他們的首要任務似乎便是監管君主與王子的後宮[26]。此外，"心平氣和、有耐心且尊重

對於各宗教應持中肯公正之態度。總之，我人不論在任何場所，對於各宗教均當尊敬。………因此，慎言爲世所嘉許，蓋庶民應尊敬學習各宗教教義所在」(《阿育王及其石訓》，pp. 32-33)。──譯註

[21] 〈大石訓第十二〉。

[22] 這特別在〈柱訓第七〉和〈大石訓第五〉中提及。

[23] 〈大石訓第三〉。

[24] 〈大石訓第七〉。

[25] 〈大石訓第九〉。

[26] 〈大石訓第五〉。

　　正法官的職務相當複雜，並非如韋伯所說的這麼簡單。〈孟西羅石訓〉云：「過去時日，無所謂"正法官"之名。所以在我加冕後之第十三年間，乃設置"正法官"之位置。此等"正法官"掌理在各宗教中，建立"正法"，宏揚"正法"，以及對於皈依"正法"之耶婆尼人(Yavanas)、東波迦人(Kambojas)、………暨居於帝國西陲之人民等，注意其福利事業。正法官等不但負賤民階級商賈農民之福利事業，而且對於婆羅門族皇

生命"的地方官吏，至少每五年應該到所有的地方上召集人民宣講
正法[27]。藉此(以及特別是正法官的種種視察)，恭順的律則必然被
廣為傳布。諸如婦女的品行，以及違犯恭順、違犯君王所規定的
虔敬，都要由正法官來加以糾正取締[28]。聖職者[29]，必得透過訓育
臣民以樹立規矩。所有這些就像一種卡羅琳王朝的密探制度和審
判法庭，只不過少了一切形式主義的基礎；整體而言，讓我們想
起克倫威爾治下的"審判官"(Tryers)和他的聖徒國家。

　　阿育王必然會因這種倫理的混融主義而遭受明顯的抵抗。對
於政治反叛，刑法之素來絕不寬待的殘酷仍行之如故。雖然他規
定行刑前，有三天的緩刑期，以使罪犯至少能因冥思而得靈魂的
解救[30]，但幾乎很難讓人有緩解的感覺。有個詔敕上記載著，阿育
王慨嘆那為他所信賴者，居然是不忠誠的[31]。並且，反抗是從何而

族亦然。………彼等同時負責協助囚犯獲得開釋，對於無力養家者，
施予金錢。彼等施政範圍在所有城鎮，以及我之兄弟姐妹與親族家
中。此等"正法官"駐於帝國境內各地，注視人民是否皈信"正法"，或其
言行全部依"正法"行之。」(《阿育王及其石訓》，pp. 28-29)。──譯
註
[27]　〈羯陵迦石訓〉。
[28]　〈大石訓第五〉，〈大石訓第十二〉。
[29]　"parisa"，顯然應該這麼譯。
[30]　〈柱訓第四〉。
[31]　〈小石訓第一〉。至於此處所指的是人還是神，自然還成問題，若根
據羅鈵娜(Rupnath)碑文，則似應譯為：「諸神，王所認定為真實者，
原來是假的」。此處，可以看出事情的真象，是阿育王與支配階層的
對立。
　　根據周祥光的譯文，則韋伯此處所引的原文應為「居於摩婆陀毘波人
民，從古迄今不知神祇為何物者，今始由我使彼等與神和合。誠然，
此乃我致力於宏揚正法之結果也。此種天人和協之結果，並非祇有在

來，似乎也可以看得出來。在另一份詔敕裡[32]，阿育王則說：舉凡不由虔敬之心而得的聲名，是一文不值的，而虔敬之心卻唯有完全放棄世俗財物者方能擁有，這對**居於高位者**而言是非常困難的。在羅缽娜詔敕裡[33]，阿育王認為必須特別加以強調的是：不只大人物，小人物也一樣，可以藉著棄絕現世而得天界的救贖。阿育王視此一令支配階層難堪的論斷為源自佛教的結論，這是羅缽娜詔敕本身透過其所載日期而顯示出來的——正因這份文件的記年[34]，佛陀入滅的年代於是在歷史上確定下來。

　　總之，佛教在此處是被極為有意地當作是一種特殊均平的、就此而言亦即"民主的"宗教思想，尤其是和根本蔑視禮儀(包括種姓禮儀)的態度連結在一起。至少，那種有意與支配階層相對立的態度，在原始佛教裡是從不曾有的。唯一的可能，便在於其一般對於現世秩序的貶斥。然而，我們卻也無法完全否定這樣的可能，亦即：正是在和家產制王權相結合的情況下，佛教的這種內在的可能性方才被發展出來，或者，若非如此，那麼就是被加以強化了。因為，對家產制王權而言，佛教顯然具有極大的、作為馴服大眾之手段的價值。

　　阿育王對佛教的熱情似乎是與日俱增；他也感覺自己是佛教徒的首領與保護者，就像拜占庭君主之於天主教會一樣。在所謂

社會中具有崇高地位如我者，方可獲得，即使貧苦之人，如能一心一念於"正法"之實踐，亦能達到」。然而據此卻不得韋伯之引文與推論所由。(《阿育王及其石訓》，p. 22)。——譯註

[32] 〈大石訓第十〉。

[33] 〈小石訓第一〉，羅缽娜刻文。

[34] 入滅後256年。
　　此一說法目前仍有爭議。——譯註

的馨溪(Sanchi)詔敕裡[35]，他拒斥教團(僧伽)中的分裂論者，並且規定他們不准穿著黃衣而應著白衣，「僧伽應爲一體」。

然而，形式上最大的變革，最可能應該歸功於或許是由阿育王所推動的體系性書記行政，以及歸功於他所主持的宗教會議(亦即第三次結集)，而使得直至當時已二又二分之一個世紀之久、唯以口耳相傳的傳統、以文字書寫的方式確定下來。一直到西元四世紀時，爲了求取聖典的抄本而被皇帝派遣來印度的中國朝聖僧法顯，發現全印度只有華氏城(王所居地，亦即結集所在地)的僧院和錫蘭一地有聖典稿本，其餘則唯有口語相傳。這個稿本對於教會統一的維持，以及同樣的，對於其布教，具有什麼樣的意義，是很清楚的。在一個像中國這樣的士人國家(Literatenland)，佛教也只能以一種聖典宗教的形式方得立足[36]。事實上，佛教的世界傳布之登場，或者至少是有計劃的宣揚，皆應歸功於阿育王。他以火辣辣的熱情投身於這樣的事業當中。透過他，佛教獲得其最初的重大動力，成爲國際性的世界宗教。

首先，要使未開化的部族改宗歸化[37]。然而，阿育王起先是派遣大使到西方強大的希臘化國家去[38]，最遠到達亞歷山大城，以使

---

[35] 亦即一般歸類爲〈小柱訓第一〉的阿拉哈巴─憍薩彌(Allahabad-Kausambi)訓文。原文如下：「我已使僧尼聯合一起，組成教團，所有異教徒不得加入之。凡僧尼破壞僧伽教團清規者，應令其穿著白色衣服，不堪配稱僧尼，居住於不適僧尼修行之所」(《阿育王及其石訓》，p. 40)。——譯註

[36] 所謂"聖典宗教"是指，此種宗教之定形化是由於：宗教命令基本上是文書形式的啓示，並且啓示的靈感是由被寫下的文字中得到。傳統之由來是根據祭司階級的教義(Dogma)。——譯註

[37] 〈羯陵迦石訓〉。

純正的教義周知於全世界；由他所支持的另一個布教團則前往錫蘭和印度邊境地區。姑不論其直接成果如何——最初只有在錫蘭與北部地區獲得重大成果——，佛教在亞洲之大規模的國際性擴張，就當時而言總算是揭開了精神上的序幕。佛教在錫蘭、緬甸、安南、暹邏和其他印度接壤國家、韓國，以及後來出現變化形式的西藏，都成爲、也一直是官方宗教，而在中國和日本則長久以來都保持著宗教上的領先優勢。當然，爲了擔當起這樣的角色，這個古老的主智主義救世論也不得不歷經一場深刻的轉化。

首先，這對教團而言是個全新的局面：這麼一個世俗的君主有權介入教團的內部事務。此種權限及影響不可謂不小。特別是後來成爲原始佛教(正統的小乘佛教)典型所在的地區，衍生出關於佛教君主獨特的神權政治的清楚觀念。幾乎毫無例外的，由君主來任命(或至少是認可)一位佛教地方教會的"長老"(Patriarch)——在暹邏，這樣的長老被稱爲Sankharat，在緬甸則稱爲Thatanabaing，通常是一個卡理斯瑪聲譽卓著的僧院的院長。此一尊位很可能是在阿育王治下發展出來的，當然，有違傳統；在以前，似乎是僅憑僧院本身、或僧院裡的僧侶的資歷深淺來決定。更進一步(例如暹邏的情形)，君主授與傑出的僧侶以榮銜，而這顯然是由王侯祭司的地位發展出來的[39]。他也藉著世俗官吏之手來監督僧院的戒律，並且要破戒的僧侶擔待責任。他因此也擁有至少是在教會規律下的一個公認的地位。實際上君主本身也穿著僧衣。只是，他

---

[38] 希臘化國家，指亞歷山大大帝東征以後的大希臘時期的國家，即今日近東(包括埃及)一帶。——譯註

[39] 在暹邏，此一榮銜稱爲"王師"。

經由自己的導師而豁免了完全遵守誓約的責任：甚至連這點——儘管並無確切的證據——也是阿育王或其繼承者所制定的。

以此，君主確保了自己在教會裡的僧侶位階。結果，在正統派(小乘佛教)的領域裡，暫時性的加入修道僧教團，一般而言被視為高貴的風習，並且也是青年教育的一部分，而俗人之一時的或部分的履行僧侶的義務，則被認為是特別值得稱揚且有利於再生機會的行為。於是，俗人的虔信便因此而在外表上與僧侶的救贖追求有著某種程度的接近[40]。在修道僧的教導下，與貴族階層的僧院教育相關連、且以之為模仿對象的俗人基本教育，可能還會有層面更為廣大的影響，如果此種教育能夠具有合理性格的話。因為，至少在緬甸，此種國民基本教育幾乎是普遍性的。在那兒和錫蘭，此種教育——相應於其目的——所涵蓋的內容包括讀與寫(用方言和聖典語文)，以及宗教問答(但算術就沒有，因為無所用於宗教)。同樣不無可能的是：阿育王對於"境內布教"的熱情，也為此種俗人活動加上了第一把勁——這原來和原始佛教一點也扯不上關連。以此，"福利國家"與"公共福利"的理念，首次出現在印度文化圈裡(阿育王認為推動這些，乃是君主的義務)。然而，"福利"，在此一方面是指精神上的，亦即救贖機會的提升，一方面則是慈善的，而**不是**經濟上合理的籌策。另一方面，錫蘭君主所強力推動的灌溉工程，和北印度君主(例如旃陀羅笈多)所行的一樣，

---

[40] 一般而言所要求的除了不殺生、不偷盜、不邪淫、不妄語、不飲酒等基本誡命之外，還包括避忌歌舞、樂曲與戲劇，避忌香料與香油，以及一定的養生規範。自願畢生貞潔則受到特別的稱揚。前面提及的在家戒，可能便是由此種俗人倫理而來。

無不是以國家財政爲考量，旨在納稅人的增加與納稅能力的增強，而不在於福利政策的施行。

此種神權政治的結果，尚不足以道盡原始佛教之修道僧制度的轉變。由於大眾的加入而增加在教團中的比重，古老的修道僧教團首先必得要緩和其嚴格的世界逃離性格，並且對一般僧侶的修行能力做大幅度的讓步，同時也對僧院的要求大大地妥協：僧院之存在並不是作爲高貴思想家之救贖追求的道場，而應該是宗教佈道與文化的中心。此外，還得要順應俗人的需求——儘管俗人在原始佛教裡本質上只是偶爾串演一角；同時，救世論也得朝著巫術與救世主信仰的方向扭轉。這兩個傾向的前一個，在文獻裡很明顯地流露出來。

阿育王在某個詔敕裡說到僧伽的"分派"。根據小乘的傳承[41]，大分裂首度發生於毘舍離結集(所謂的第二次結集，佛滅後110年)——或許是由阿育王所發動的一次宗教會議[42]。姑且不論細節上的歷史正確性，最早先的分裂之原因所在，不管是根據傳承也好，或就事情的本質而論也罷，基本上是很清楚的。跋耆族僧人著名的"十事"(並未獲得同意)，究其實根本是針對戒律所發，而不關乎教義。除了有關僧院之生活樣式的某些細節——整體而言，意圖

---

[41] *Tchullavaggha*, XII。

[42] L. de Milloué (*Annales du Musée Guimet, Bibl. de Vulgarisation*, Conférence v. 18. XII, 1904)，他認爲出現於碑銘上、但無法證實其人的黑阿育王 (Kalaçoka)和這位有名的佛教君主是同一人，所以在這位君主底下舉行的華氏城結集(242 B.C.)便是毘舍離結集；他所持之爲據的理由，尚有許多問題。困難就在於傳承裡。若根據大乘的傳承，則毘舍離結集的經過與小乘所記錄的，是兩回事。不過，在阿育王之下舉行的華氏城結集裡所提出的問題被傳承下來，在本質上並不止於戒律的問題。

緩和戒律規定，但本質上抱持著形式上的關懷——，以及與分裂
的徵候相關連的組織上的問題之外[43]，此中尚有一基要的問題點。
這和聖芳濟修道會裡一般修道士與嚴守戒律者當時之所以分裂的
因素如出一轍，亦即經濟的問題[44]。佛陀規定不許擁有任何錢財，
也不可接受金錢捐獻。而今——根據傳承——有位嚴守戒律者因
此拒絕金錢捐獻，但其他多數僧人卻認為這是對俗人的侮辱。雖
然他利用眾人提供給他公開謝罪的機會，來為自己的正當性辯
護，然而還是「因為未得委任而向教團說法」，必須懺悔受罰[45]。

　　除了戒律的問題，教義上的爭論也很快就浮現出來，事實上
首先就是與現世救贖的教義相關的爭論。在阿育王所主導的結集
裡，首座提出三大問題，亦即：1.阿羅漢是否會失去恩寵？2.(世
界的)存在是否真實？3.三昧(samādhi, 靈知)是否能藉著不斷的思惟

---

[43] 亦即：在一個教區裡是否允許可以有一個以上的布薩集會。

[44] 詳見《支配社會學》，pp. 374-381。——譯註

[45] 雖說"十事非法"是引發毘舍離結集與部派分裂的原因，其中最為關鍵的
還是僧侶能否接受金錢布施的問題。佛滅後百年左右，住在毘舍離的
跋耆族僧人放鬆了某些戒律，特別是收受俗人的金錢布施。有個外地
來的僧人耶舍(Yasa, 又作耶舍迦那子)反對此事，因此游說居士弟子不
要如此做，毘舍離的僧人乃決定分給他一份款項，耶舍拒絕了。此一
行為引起毘舍離僧團的憤慨，以"七不共處"(即不予理會)的戒律來處罰
他，要求他向游說過的居士懺悔(誣蔑誹謗居士弟子之罪)，請求寬恕。
由於這是在戒律權限之內，耶舍只好照辦，然而他向居士們反覆講述
佛陀的教說，特別是收受金錢的過錯，最後終於說服他們相信他的立
場是正確的。因此，毘舍離的僧侶既不是沙門，也不是佛陀的弟子。
毘舍離僧團得知此一訊息大怒，指控耶舍未經許可向外人洩露僧團機
密，處以"暫時停止比丘身分"的處分。耶舍立即離開毘舍離並尋求其他
僧團的支持，在多方的努力下促成了毘舍離結集的召開，並在會中決
定"十事非法"。只是此事卻也造成日後部派的分裂。——譯註

而獲得？第一個問題含有重要的倫理側面：無規範狀態——亦即保
羅所要克服的「凡事我都可行」[46]——將因此一問題的正面肯定而
成立。其他兩個問題則與救贖教義相關，明白顯示出思辨的滲入—
—相當於希臘精神之滲入原始基督教。大眾部(Mahāsanghika)當時
已與說一切有部(Sarvāsti-vāda)相對立，而後者則有會議首座的加
入，並且意圖排除思辨的滲透。然而徒勞無功。後來的會議所處
理的泰半是教義的問題，而不爲當時的少數派所承認——他們認
爲會議的組成頗有偏差之嫌；分裂於是儼然成形。隨著時間的流
轉，派別在地理上的分布基本上遂成爲：嚴守原始佛教戒律者(小
乘)最終流行於南印度，較寬鬆傾向者(大乘，亦即普世教會)於西
元一世紀之後在北方占優勢[47]。

---

[46] 「凡事我都可行」一語出自《聖經·哥林多前書》：「凡事我都可
行，但不都有益處。凡事我都可行，但無論哪一件，我總不受他的轄
制」(6: 12-3)。韋伯在《宗教社會學》裡對此處所提到的問題有如下的
說明：「對禁慾者而言，救贖的確定性總是確證於理性的、具有明確
之意義、手段與目的的行動中，並且有原理與規則可遵循。相反的，
對於確實擁有救贖財、並將救贖財當作一種內在狀態來加以掌握的
神秘主義者而言，這種內在狀態的歸結，可能恰好就是無規範狀態
(Anomismus)：換言之，是以某種感情狀態及其特異的性質，而非任何
做爲及其行事方式、所顯示出來的感情(das Gefühl)——完全不再受任
何的行爲規則所束縛，無論其作爲爲何，救贖總可確證。此一歸結(亦
即：凡事我都可行)正是保羅所必須對抗的，而且也是神秘主義的救贖
追求(在許多情況下)所可能產生的結果」(p. 227)。——譯註

[47] 並非一直如此，例如義淨至印度求法時期(七世紀)，情形顯然便非如
此。

3

大乘佛教

依照傳統的說法看來，俗人似乎是打一開始(要不就是稍後)，便站在較寬鬆的路線那一邊——亦即原先被稱爲大眾部(大教團)的大乘，而對立於卡理斯瑪練達的阿羅漢所屬的上座部(Sthavira)，亦即"長老派"(Aeltesten)。因爲，作爲大眾部的特色，俗人協力參與結集(Konzilien)的傳統一直延續下來[1]。當然，在其中扮演重要角色的自非"下層"階級——他們根本說不上、也不可能是產生積極推動力的要素——，而是支配階層。上流的貴婦人也算是大乘學派的熱烈擁護者。這恰可理解爲十四世紀時，羅馬教廷之支持聖芳濟修會的一般修道士，而反對嚴格戒律派的情形。

僧侶對支配階層的依賴程度愈大，其"拒斥現世"的性格就愈低。在錫蘭與緬甸，正統的小乘派對俗人幾乎毫無限制的教權支配——相對而言，世俗的支配權力往往毫無施展餘地——的情形，正如(後文即將提到的)中國朝聖僧所記錄的，和原始佛教優勢

---

[1] 玄奘因此而推定出(大眾部)這個名稱(參見 S. Julien, *Hist. de Hiuen-Tsang*, p. 159)。

主導下的北印度多半的情形一樣。世俗權力與僧侶階層之間的這
種鬥爭，在拜占庭帝國裡歷時數個世紀之久，在印度也同樣發
生，只是形態有所不同。世俗權力的興趣所在，是利用僧侶作爲
馴服大眾的手段。儘管"大眾"從來就不是佛教宗教意識的積極擔
綱者，但是在此，作爲宗教信仰手段下的被支配客體，他們確實
扮演了相當決定性的角色，正如可見之於支配階層的宗教態度一
樣。然而，透過聖徒崇拜的方式，佛教的僧侶也頗能牢牢地將大
眾抓到自己這邊來。

　　除了這層政治的因素外，婆羅門經院式的思辨及其概念也愈
來愈影響到佛教思想。義淨於七世紀時的記述[2]，尚能讓我們了解
到，人們之所以維繫住婆羅門傳統，最主要是由於教育—技藝上
的緣故。在義淨看來，學習吠陀的技術，無論是對於精神的形式
訓練，或特別是對於己身立論的把握、也連同對爭論對手之論證
的掌握，都是無與倫比的一種手段。知識人所關心的自然是學問
的培育和對五明(vidyā)[3]的要求，亦即文法(總是最重要的)、醫學、
邏輯學、哲學及"工巧明"(śilpasthāna-vidyā)[4]——對此一學科的理論

----

[2] 高楠順次郎的翻譯(Takakusu, *I-tsing's Record of the Buddhist Religion*,
　1896)，第34章，第9。

[3] "五明"指五種學藝，爲古印度之學術分類。即：1.聲明(śabda-vidyā)，語
　言、文典、文法之學。2.工巧明，見下註。3.醫方明(cikitsā-vidyā)，醫
　學、藥學、咒法之學。4.因明(hetu-vidyā)，即邏輯。5.內明(adhyātma
　vidyā)，五乘因果妙理之學、說明自家義理宗旨之學，即今日之哲學。
　此外，也有將五明分爲內、外五明的說法。——譯註

[4] 又作世工業明、巧業明。指通達有關技術、工藝、音樂、美術、書
　術、占相、咒術等之藝能學問。爲五明之一。可分爲二，即：1.身工
　巧，凡細工、書畫、舞蹈、刻鏤等藝能皆是。2.語工巧，指文詞文詞讚
　詠、吟唱等藝能。就佛教而言，世間諸工巧皆爲無覆、無記法之一

培養是藝術家和技藝家等學識圈子所要求的。這些甚至在小乘學派裡都有所發展，並且不管願不願意，都必須應用古代婆羅門的語言。爲俗人開設的僧院學校和學童用的入門書紛紛出爐。貴族階層在這整個發展上，特別是對於大乘，所發揮的主導力量，不止藉著對種姓階序的明白承認而充分顯示出來(原先他們是無視於此的)[5]，同時也藉著外在情勢而表露無疑，換言之，和古來的小乘佛教徒相反的，大乘學派參與了從喀什米爾爲起源點的梵文復興運動：他們以古代的學術語文來書寫經典，而巴利文經典仍爲南方的佛教徒所有。佛教經典因此漸漸地完全劃分開來，一如耆那教兩個教派間的情形。不管就哪一方面而言，教派間的對立很快就超越當初因戒律上的緣故而全面開展。

　　身爲大乘佛教徒而在正統派大本營錫蘭逗留了兩年的法顯，在其遊記上所描繪的景象(西元400年左右)[6]，相對而言還算是平和

種，故又稱爲工巧無記。《瑜伽師地論》卷二將工巧明分爲營農、商賈、牧牛、事工、習學書算計數及印、習學所餘工巧業處等六種。此外，也有十二種之分。——譯註

[5] 根據《方廣大莊嚴經》所示，菩薩不止不能出身於異邦人或邊境人當中(而只能是誕生於印度聖地)，並且只能是上層種姓(婆羅門或刹帝利)出身者，而不可能出身下層民眾。更古老的大乘經典(翻譯於《東方聖書》第49卷)則認爲只有"良家子弟"方能得到救贖，此乃自明之理。

[6] 中譯英，S. Beal, *Travels of Fah Hien and Sung Yun*, London, 1869。
法顯爲東晉時人，三歲出家，二十歲受具足戒。後因概嘆僧團規模與經律之殘缺，乃與同學慧景等人於西元399年離長安西行求法，遍遊印度諸國，並曾逗留錫蘭二年。西元413年經由海道返國，專心從事譯經工作，卒於西元420年左右。著有《佛國記》，爲了解當時印度一般狀況之重要文獻。——譯註

的。教理遠播到中亞。那兒的君王[7]，如阿育王的詔敕所示的，每五年召開一次集會。在那竭(Nagarahāra)[8]，國王每日都做早課。在呾叉始羅(Takshaśilā)[9]亦然。一百年後的記載則顯示出[10]，旁遮普(Pandjab)地區的君主，部分而言直到六世紀，仍過著嚴格的素食生活，並且不動用死刑。根據法顯所記，秣菟羅(Mathurā)一地的

---

[7] "龜茲"王國，同前書，Ch. 5, p. 15。

《佛國記》云：「二十五日，到竭叉國，與慧景等合，值其國王作般遮越師。般遮越師，漢言五年大會也，會時請四方沙門皆來雲集已，莊嚴眾僧，坐處懸繒幡蓋，作金銀蓮華著繒座後，鋪淨坐具，王及群臣如法供養，或一月二月、或三月，多在春時。王作會已，復勸群臣設供供養，或一日二日三日五日。供養都畢，王以所乘馬鞍勒自副，使國中貴重臣騎之，并諸白氎種種珍寶，沙門所須之物，共諸群臣發願布施，布施已，還從僧贖」。——譯註

竭叉國應在帕米爾高原一帶，而非龜茲。——譯註

[8] 法顯的《佛國記》作"那竭"，《大唐西域記》作"那揭羅曷"，即古代乾陀羅國以西、喀布爾河南岸之迦拉拉巴(Jalalabad)附近。——譯註

[9] 北印度古國，意譯"石室國"、"截頭國"，法顯傳中稱為"賢石城"。其都城今日之位置，學界說法不同，有主張在今日巴基斯坦旁遮普省之Kalakaserai東北一公里處，亦有認為應在旁遮普省之Shadheri西北十公里處。——譯註

[10] 宋雲的記載，見St. Julien前引書(*Hist. de Hiuen-Tsang*), p. 188。

根據《洛陽伽藍記》所引的《宋雲行紀》中云：「(神龜二年，519)十二月初，入烏場國(Uddiyāna)，北接葱嶺，南連天竺，土氣和暖，地方數千。民物殷阜，………舊俗雖遠，土風猶存，國王精進，菜食長齋，晨夜禮佛。擊鼓吹貝，琵琶箜篌，笙簫備有。日中已後，始治國事。假有死罪，不立殺刑，唯徒空山，任其飲啄。事涉疑似，以藥服之，清濁則驗，隨事輕重，當時即決。土地肥美，人物豐饒，百穀盡登，五果繁熟，夜聞鐘聲，遍滿世界。土饒異花，冬夏相接，道俗採之，上佛供養」(《洛陽伽藍記校注》, p. 298)。烏場國在今印度河上游及蘇伐多河(Svat)流域。——譯註

情形如下：國王的官吏有固定的收入，人民不被固著於土地上，稅賦低，通行於印度家產制帝國的人頭簿與課稅簿並不存在，一切生物都得憐惜，不食肉類，不許飼養豬也不得買賣牛，禁飲酒，蔥蒜之類只有(不淨的)羌達拉種姓才准食用，同樣的也沒有死刑[11]。

　　阿育王的帝國雖然早已滅亡，但相對的和平主義小王國仍支配著北印度。在Oudiana(位於喀什米爾與喀布爾之間)，小乘學派仍占優勢，在卡娜齊(Kanauji)[12]亦然。在已成為廢墟的阿育王首都華氏城(亦稱Patna)，兩派僧院同時並存，在Farakhabad則兩派共居

---

[11] Beal 前引書，p. 537。

中印度之古國(《佛國記》稱之為摩頭羅)，為佛陀時代印度十六大國之一。位於朱木那河(Jumna)西南一帶。其都城為秣菟羅城，位於今摩特拉市(Muttra)之南。佛陀在世時，屢遊此地說法。佛陀涅槃後，有優波鞠多(Upagupta)出世，大力振興佛教。係印度佛教美術之一大中心地。今仍存有阿育王所之三塔、優波鞠多伽藍、舍利子及獼猴塔等遺跡。最近又自摩特拉市南方發掘出許多佛像、孔雀王朝之刻文、笈多王朝之石柱、雕刻、迦膩色迦王像等遺物。——譯註

《佛國記》云：「國名摩頭羅，又經捕那河，河邊左右有二十僧伽藍，可有三千僧，佛法轉盛。凡沙河已西天竺諸國，國王皆篤信佛法，……從是以南，名為中國。中國寒暑調和無霜雪，人民殷樂無戶籍官法，唯耕王地者乃輸地利。王為不用刑罔，有罪者但罰其錢，隨事輕重，雖復謀為惡之，不過截右手而已。王之侍衛左右，皆有供祿，舉國人以悉不殺生、不飲酒、不食蔥蒜。……國中不養豬雞，不賣生口，市無屠行及酤酒者，貨易則用貝齒，唯旃荼羅(應即本文所說的"羌達拉種姓")獵師賣肉耳」。不過，法顯這裡敘述的似乎是所謂"中國"(即印度本土)的一般狀況，而非單指摩頭羅。——譯註

[12] 位於印度西北恆河支流迦利河(Kali)之東岸。原名羯若鞠闍，為中印度之古國，《大唐西域記》卷五有記載，都城為拘蘇磨補羅，昔玄奘遊此時，戒日王曾設無遮大會，佛教甚為興盛。——譯註

一處而相安無事[13]。在秣菟羅地區(當地的政治情況亦在報導之列),大乘學派占有支配地位,但並非絕對。華氏城地方上的諸王則有信仰佛教的婆羅門作他們的導師(Guru)[14]。宋雲[15]甚且說道,乾陀羅(Gandhāra)有個征服者君主自己並不敬仰佛陀,但人民卻是"屬於婆羅門種姓",極為尊崇佛陀的正法[16]。佛教依然是貴族知識份子的教義。

所有這些朝聖僧,連同兩百多年後到印度朝聖的玄奘也如出一轍,只對君王及其宮廷官吏的行止感興趣。不過,到了玄奘時代(西元628年以降),許多方面都有了明顯的改變。首先是大乘學派與小乘正統派的對立。有個小乘派的論師因誹謗大乘而罹患重

---

[13] Beal 前引書,p. 67。

[14] 同前書,p. 103 f。

[15] 北魏敦煌人,生卒年不詳。西元518年奉胡太后之命,與沙門法力、惠生自洛陽西行求經,最遠抵達印度河畔,西元522年返國,攜回大乘經典170部。撰有《宋雲行紀》,書今已不傳,賴《洛陽伽藍記》保留下來。——譯註

[16] 同前書,p. 197。

乾陀羅(《大唐西域記》作健馱邏,或作犍陀羅),印度古國,位於今日印度西北喀布爾(Kabul)河下游,五河流域之北,都城在今白夏瓦(Peshawar)附近。阿育王曾派遣傳道師至此,是為佛教在此之發端,迦膩色迦王亦曾以此地為中心大力振興佛教,後來則成為大乘佛教的重要基地。著名的犍陀羅藝術即發源於此。——譯註

根據《洛陽伽藍記》所引的《宋雲行紀》中云:「入乾陀羅國,土地亦與烏場國相似,本名業波羅國,為厭噠所滅,遂立敕懃為王,治國以來,已經二世。立性凶暴,多行殺戮;不信佛法,好祀鬼神。國中人民悉是婆羅門種,崇奉佛教,好讀經典,忽得此王,深非情願」(p. 317-8)。——譯註

病[17]。實際上，一般而言只有大乘被加以討論，而玄奘也認爲沒有必要前往錫蘭。此外，婆羅門特有的要素不斷地滲透到愈來愈具支配地位的大乘教義裡。玄奘稱印度爲"婆羅門國"。梵天及因陀羅的雕像和佛陀的立像並陳於恆河河谷的神殿裡[18]。吠陀雖被列爲"次要的"(亦即俗人的)書籍[19]，但確實被閱讀。憍薩羅(Kośalā)國王敬拜佛陀之餘，在婆羅門神殿裡亦崇拜印度教諸神[20]。儘管有些君主每年都召開佛教僧徒大會(例如戒日王)[21]，但顯然不是個通例。我們所得到的印象，是學派的對立益加尖銳化，小乘在北印度受到壓抑，但一般而言，佛教也逐漸沒落。

　　古來的戒律差異，對於大乘與小乘之間的對立尖銳化，已不再是個決定性的因素。

　　在小乘方面，嚴守戒律者自古以來禁止擁有錢財的誡命，也運用了和聖芳濟派相同的手法來規避。俗眾代表僧侶接受金錢，並代爲管理，連錫蘭的古代正統派教會本身，最後都以奉獻金的

---

[17] 見St. Julien前引書, p. 109。

[18] 同前書，p. 111。

[19] St. Julien翻譯爲"通俗書"(Livres vulgaires)。

[20] 同前書，p. 185。

憍薩羅，又作拘舍羅、拘薩羅，中印度古國，爲佛陀時代十六大國之一。國都爲舍衛城(Śrāvasti)，佛陀曾前後居止二十五年，經常於此開示佛法。——譯註

[21] 同前書，p. 205。

梵名Śilāditya，音譯尸羅阿迭多。爲七世紀前半葉中印度羯若鞠闍國國王、劇作家、詩人，出身吠舍種姓，史稱戒日王二世，曾臣服五印度，文治武功均盛。後皈依佛教，效法阿育王，以大力保護佛教、獎勵文學著名。玄奘留學印度時，曾受到戒日王的尊重與禮敬，故在《大唐西域記》裡留有關於此一君主的詳細記載。——譯註

經營爲主流。僧院領主制(Klostergrundherrschaft)、與僧侶永久性的——而不是如原先僅限於雨季的——僧院居住制(Klosterseßhaftig-keit)比比皆是，有時遍布於極大範圍(這點我們稍後會再提及)，甚至作爲嚴守戒律者之大本營的錫蘭亦是如此。

在大乘方面，另外一種(宗教的)對立與適應的必要，使得古老的救世論有了更加廣泛的開展。首先是俗人的宗教利害，基於布教的理由而不得不加以考慮。俗人並不冀求涅槃，也無法滿足於一個像佛陀那樣光止於自我救贖的模範型先知。他們所希求的無非是今生今世的救苦救難者(Nothelfern)、和來生彼世的極樂世界。因此，大乘採取這樣一個步驟，通常被形容爲：以菩薩(Bodhi-sattva，救贖者)的理念、來取代緣覺(Pratyeka-Buddha，又稱辟支佛)[22]與阿羅漢(自我救贖)的理念。小乘學派則將其皈依者劃分爲聲聞(Śrāvaka，平信徒)[23]、緣覺(自我救贖者)與阿羅漢(得救贖者)等宗教身分，而菩薩則成爲大乘宗派所獨有且共通的理念。其前提條件則在於救贖理論的內在轉化。

在早期，如我們所見的，佛教內部所發生的是"長老派"(上座部，敎團傳統的卡理斯瑪擔綱者)、與"大衆部"(思辨練達的思想家，亦即知識份子)之間的爭執。其中，從戒律與實踐倫理的問

---

[22] 辟支佛是音譯，又作"獨覺"。指獨自悟道之修行者。即於現在身中，不稟佛敎，無師獨悟，性樂寂靜而不事說法敎化之聖者。"聲聞"與"緣覺"稱爲"二乘"；若共"菩薩"，則爲"三乘"。——譯註

[23] 指聽聞佛陀聲敎而證悟之出家弟子。聲聞原指佛陀在世時之諸弟子，後與緣覺、菩薩相對，而爲二乘、三乘之一。即觀四諦之理，修三十七道品，斷見、修二惑而次第證得四沙門果，期入於"灰身滅智"之無餘涅槃者。此外，聲聞一語，於阿含等原始經典中，兼指出家與在家弟子；然至後世，則專指佛敎敎團確立後之出家修行僧。——譯註

題，進而延伸到思辨的問題，諸如"有情"(sattva)的問題、救贖狀態之"本質"的問題，因而首要的：救贖者之位格(Person)的問題。古老的學派堅持佛陀的人格性(Menschlichkeit)。大乘的論師則發展出"三身"(trayah kāyāh)論，亦即關於佛陀之超自然存在的教義：佛陀有三種身態，一爲應身(nirmāna kāya)，亦即出現於地上的"變化身"，二爲報身(sambhoga kāya)，類似"聖靈"、浸透萬有的靈氣身，以形成教團，三爲法身(dharma kāya)，稍後再敘述。

以此，印度教典型的神格化過程，首先發生在佛陀身上，並且與印度教的化身神化說(Inkarnationsapotheose)相結合：佛陀乃是(非人格性的)神恩之化身，透過一連串的再生而不斷現身於地上，因而，一個永遠不變的本初佛(Ādibuddha)被認爲是眞實存在的。從這一點出發，距離以下這樣一個菩薩的典型也就不遠了，亦即：獲得完全救贖，因而被神格化的聖者。此一聖者能以多樣的範型出現，並且還可能隨時再現，此即古代印度所謂的苦行與冥思的"自我神格化"(Selbstvergottung)，於是，活生生的救世主就此進入到信仰當中。然而，成爲信仰對象的，是菩薩。

在形式上，菩薩起先是藉著再生理論和承自印度教哲學的世界時階理論(Weltepochentheorie)而與佛陀相連結。世界是永恆的，但是(如我們先前所說的)，是由不斷且不盡的一個個新的世紀所構成。每一個世紀都有一個佛陀，所以整體而言有無盡數的佛陀。出現在此一世紀的歷史人物瞿曇佛陀(Gautama Buddha)，在進入涅槃前曾歷經了550次的再生。在倒數第二次的再生時，爲求最終成佛的聖者阿羅漢已達菩薩(Bodhisattva,「其本質爲sattva, 開悟爲bohdi」)階段，居停於兜率天(Tusita)，在那兒，未來佛的彌勒(Maitreya)作爲菩薩而居住著。歷史上的瞿曇佛陀即自兜率天而

降，奇蹟地化身於其母摩耶夫人(Maya)的肉體中，來做他最後的
地上之旅，爲的是在進入涅槃前將其教義傳授給人。很明白的，
隨著他的"入滅"(Verwehen)，關懷的重點必然轉移到**未來的**救世主
上，亦即菩薩。同樣清楚的，在兜率天和多數的佛與菩薩這樣一
個單一且合理的圖式裡，本身即爲萬神殿的形成、再生神話和各
式各樣的奇蹟之統合帶來良好的契機。此處，我們無須在意其風
雲壯麗的虛構神話，倒是要側重其倫理—救世論的層面。如先前
所說的，依照正見，菩薩是個已修成"正果"的聖者，在下一次的
再生裡將成爲佛並達涅槃之境。情形若非如此，而是他一直只停
留在菩薩的狀態，那麼，這被認爲是一種恩寵的行爲，藉此他得
以成爲信徒的救苦救難者。於是，菩薩成爲大乘教徒之聖者崇拜
的獨特對象，而此一轉變有多麼符合俗人之救贖利害是再明白不
過的了。

　　積極的善(pāramitā, 波羅蜜、彼岸)[24]與恩寵(prasāda, 信仰、信
樂)爲菩薩的屬性。他不止是爲了本身的自我救贖，而同時也是、
並且特別是爲了眾生的救贖而存在。用大乘佛教的術語來說，佛
陀不止是個獨覺，而且還是個正等覺者(sammā-sambuddha)[25]。他
決意不單獨尋求自我救贖而逃離這個苦難的世界，只要還有人在
那兒受苦。讓他不這麼做的，是義務(upāya, 用原本特色獨具的專
用術語來說："方便")[26]。從大乘學派內部形成的思辨性三位一體的

---

[24] 梵語pāramitā有到達彼岸、終了、圓滿等義，即自生死迷界之此岸而至
涅槃解脫之彼岸，通常指菩薩之修行而言。——譯註
[25] 音譯作"三藐三佛陀"，即"正遍知一切法"，意譯爲"正遍知"、"正等
覺"，爲如來十號之一。——譯註
[26] 十波羅蜜之一。又作善權、變謀，指巧妙地接近、施設、安排等。乃

教義，讓這點易於成立。換言之，菩薩唯以其最初的存在形態——變化身——進入涅槃。佛教與基督教的三位一體說之間的差異是頗具特徵性的：佛陀爲人身，如同基督教三位一體說當中的第二位(基督)，爲的是拯救眾生。但是，他並不是經由受苦來拯救他們，而是藉著平白的事實：他現下也是無常的，眼前唯有涅槃這個目標。並且，他是以模範型先知的姿態來拯救他們，而不是代罪(眾生之罪)的犧牲者。因爲，不是罪，而是無常，方爲惡。

以上這些實例顯示出，大乘教派在發展的調適過程中的第三個方向。亦即，除了要順應現世裡的經濟存在條件、順應俗人對救難聖人的需求之外，還要順應飽受婆羅門教育的知識階層在神學上與思辨上的要求。對於有關事象的所有思辨(以其無益於救贖)一概加以拒斥，如同佛陀首尾一貫所行的，如今已無法再堅持下去。一整套的宗教哲學文獻遂產生出來，慢慢的又再度只運用文言("梵文")，大學、論爭與宗教問難紛紛出現，最重要的是造就出一套極爲繁複的形上學，在其中，印度古典哲學裡所有的古老論爭又再度復活。然而，也因此，存在於有學識的神學家、哲學家，與被評價爲反秘義夥伴的無學識者之間的不和，即相當婆羅門式地被引進佛教裡。並非個人的靈知，而是訓練有素的經典知識，又再度成爲教團裡的主導勢力。一如中國的士人階層之評論

一種向上進展之方法。諸經論中常用此一名詞，歸納之，其意義可分爲下列四種：1.對眞實法而言，爲誘引眾生入於眞實法而權設之法門。故稱爲權假方便、善巧方便。2.對般若之實智而言，據曇鸞之往生論註卷下舉出，般若者，達如之慧；方便者，通權之智。以權智觀照於平等實智所現之差別。3.權實二智皆係佛菩薩爲一切眾生，而盡己身所示化之法門。4.爲證悟眞理而修之加行。——譯註

印度只不過是個"婆羅門之國"，玄奘時代的印度大乘學者則認為中國是個蠻人(Mleccha)之境——此即佛陀為何化身降臨於印度文化領地內，而不在中國或其他地方。對此，玄奘提出別具一格的反證：在中國，耆宿與賢達也是一流的，包括天文學在內的學問發達得很，而且音樂的魅力更是眾所週知[27]。

這樣的概念完全是為了婆羅門的——或者也可說是亞洲的，甚或是古典的——知識份子神學而量身打造。古代婆羅門的概念和特別是當時的吠檀多派的概念——尤其是吠檀多派的中心概念 "māyā"(宇宙幻相[28])——成為大乘佛教的基礎，只不過重新作了解釋。毫不意外的是，大乘佛教在與婆羅門哲學和救世論的古代中樞地區直接交壤的北印度漸次發展起來，而小乘的正統教義在幾經波折之後最終在南方，亦即錫蘭、緬甸、暹邏等傳布地區堅守陣營，這好比羅馬與西方總是在所有的宗教會議上、扮演對抗希臘化思想入侵古代基督教會之堡壘的角色，而與希臘哲學直接接壤的東方則開放教義上的思辨一樣。

數論派的痕跡或許可以在大乘理論中關於阿賴耶識(ālaya-vijñāna)的部分找到，亦即：嚴密地與一切非精神性的東西相對立的靈魂。在此，我們碰到和原始佛教根本對反的東西。因為，對"靈魂"概念的拒斥，正是原始佛教最本質上的特性。不過，原始佛教的此一觀點毫無疑問很快就被放棄了。正如佛教的"輪迴"觀之成為婆羅門的概念，並且不再是古老的純粹教義那樣，神聖潛能的概念亦是如此。神聖潛能(如其在吠檀多派裡的情形)，是一種萬有

---

[27] St. Julien, Hiuen-Tsang, p. 230 f. 。

[28] 指"假相"，一切事象皆無實體性，唯現出如幻之假相，即幻相；其存在則謂幻有。——譯註

靈(Allseele)，是世界——流出論中的世界——之極端的精神化，緊密貼合於宇宙幻相的教義(māyā-Lehre)，此種教義有時也可以如此清楚地浮現出來，亦即：一切的一切不過是主觀的假象，至上之知可以解開它來。最後，如今又再度開始的倫理的有機相對化，讓人想起《薄伽梵歌》。

菩薩，如同克里什那(Krishna)，一再地重新顯現於地上，並且，與"三身"論相對應的，可以完全按照世界當時的倫理需求而以任何形態、任何職業的方式現身(一切以實際需要而定)。他可以現身為人，也可以現身為動物——為了拯救墮入動物界中的靈魂；如果是化身為人，那麼可以在儀式方面令人滿意的任何職業裡出現。因此，他也(特別是)作為一名戰士出現。只不過，按其本性，他只會參加"正義的"、正當的戰爭，並且義無反顧。實際上此一理論正是最大幅度的適應於"俗世"的需求。

理論上，此種適應已經預設了某種超俗世的、神的存在的導入，並且，也正如我們所見到的，在佛陀本身的神格化之際，此種情形已然發生。只是，佛陀已入涅槃而永遠地自世上消失，所以不可能自身、或至少單獨現示為最高的世界神格。何況，按照那基於聖典而一旦被確立的教義的出發點，世界神也根本不可能是像毘濕奴或濕婆那樣的人格神。神的絕對不滅性與超自然性，是藉其極為非人格的屬性Bhūta-tathatā("真如")而臻於至境[29]，同時

---

[29] 要在本文的論述範圍裡分析(義淨時代)為數至少18個部派的神學及其分枝，是絕對不可能的事。因此，在幾經思量後，採用一種連亞洲的佛教近代主義學者都採行的辦法，亦即：在既有的極端對立中，找出一門與彼此都等距離的經院神學，然後用儘可能理性的方式將之呈現出來。正如任何精通文獻者都很容易就會看出來的，以下的描述方式很

也藉著śūnya("空"、"非實在")——以之爲特殊神聖而——與bhava
("有"、"實在")的對置來完成。這和西方的神秘主義及《奧義書》
嘗試用來描繪神性之擁有的方式,如出一轍。以此,那究終無以
言喻的神性,自然就顯露出某種與原始佛教的"三寶"(按:佛、
法、僧)——其中以"法"作爲神聖潛能[30]——相對應的傾向,亦即帶
有中國的"道"之特質的傾向,換言之,將此種神性變成世界的秩
序及世界的實在根基,將永恆的規範與永恆的存在合而爲一。在
尖銳的二元論之彼岸,亦即永恆的存在與(在永恆的、業的規範的
機制下)現象界之絕對的無常,此二者之外,"絕對"(Absolute)必然
會被發現。值此,業(Karma)的不可侵犯性,這一點正是印度教的
形而上學之得以掌握"絕對"的唯一把柄。不過,在此,神秘的體
驗所意味的,和其他各處一樣,並不是"規範",而是相反的:一
種在自身裡可以感覺到的"存在"。由於此種在理性上無法架橋相
通且完全無可避免的對立,大乘佛教的至高神格"法身"自然是超
越任何"言語"之外的,不只如此,與法身的關係本身也含帶有理
性上異端的屬性。"慈悲"(karunā),亦即至高的愛,與"開悟"
(bodhi),亦即至高的靈知,兩相結合於聖者與神性的關係裡,此
種情形只能從神秘忘我的心理學特質來加以說明。

　　如果說"涅槃"——至此已退居到派生的、第二義的地位的一種

多都是參照鈴木大拙那本出色的——儘管是調適於"西方"之要求的——
傑作:*Outlines of Mahayana Buddhism*, London, 1907。

指遍布於宇宙中眞實之本體,爲一切萬有之根源。又作如如、如實、
法界、實相、法性、如來藏、法身、不思議界、佛性等等。早期漢譯
作"本無"。亦即大乘佛教所說的"萬有之本體"。——譯註

[30] 在基督教裡本來就容易被想成非人格性的、三位一體中的"聖靈",便是
　　與此相對應的一個概念。

狀態——是同時兼具消極面與積極面，亦即一切慾望的斷滅與普遍的愛，那麼，無明(avidyā)在此亦如往昔，是無知：諸惡的根源。這可以藉此一救世論之強烈的主智主義根源來得到解釋。大乘於是又再度只是給予靈知者[31]的一種終究是秘法的救贖教義，而不是給俗人的。佛陀的教說裡，在實踐上最最重要的那個原則：對於無解的問題("無記")的思索，是惡的，並且有害於救贖，如今在一種獨特的方式下被放棄了。此一原則的後續影響只不過是這樣的：按照正統的大乘教義，究終最大的宇宙之謎，亦即諸惡之根源的"無明"(無知、愚鈍或宇宙幻相)是怎麼會到這世間來的呢，這個問題對於人類的知識而言，仍然是不可解的，正如另外一個問題也同樣是不可解的，亦即**為什麼**"真如"的特殊性質只對菩薩之究竟的、最高的、無法言傳的靈知開示出來。

　　然而，達成救贖的靈知本身即帶有獨特的二元論特質，亦即：實踐性的愛的感情與控制性的思惟的集中，此二者的連結。根據正統的大乘教義，此種靈知是藉著不斷的精神訓練(exercitia spiritualia)，經過十個階段而次第上昇。這十個階段是：1.溫暖的愛，2.心的純化，3.宇宙的洞察之明確，4.向完成精進，5.對如來

---

[31] 在希臘化時代的神秘主義思想中，將人的心靈狀態區分為以下三種階段：1."肉體人"(ho sōmatikos)，指對真理缺乏理解的無知、無信仰的人，有時亦用"唯物者"(hyliker)一詞。2."心靈人"(ho psukhikos)，指雖然追求真理，但仍未達充分理解的一般信徒，亦即所謂的"心靈者"。3."靈人"(ho pneumatikos)，指被神的靈所充滿，達到最高真理者，亦可稱為"智者"(ho gnostikos)、或"靈知者"(gnostiker)。此種區分雖然已見於保羅的用語中，但主要是諾斯提教派(Gnosticism)所用，早期基督教神父也有許多人繼承此一用法。韋伯在本書裡也利用這些辭彙來說明印度教與佛教的一些觀念。——譯註

之本質的冥思，6.對世界之流出方式的冥思，7.儘管入世行動但蘊
生出脫俗性，"行向遠方"——與我們所知的世尊(Bhāgavata)的內在
態度相當近似，8.完全平靜的獲得：作為一種已成為天性的、無意
識的、且不費勁地練就的人格特質，9.對於超越性的眞實之完全的
靈知，10.入滅於"法雲"之中，亦即：全智全能[32]。

　　在此，我們輕易可以認出靈知的要素，與實踐上的愛的無等
差主義要素的交錯。大乘學派的涅槃概念也同樣帶有這種交錯的

---

[32] 此即大乘教理中的"十地論"，又作"十住"。"地"的梵語爲bhūmi，乃住
處、住持、生成之意。即住其位爲家，並於其位持法、育法、生果之
意。各經所論之"十地"說法不一，大致可分爲五種。韋伯此處所說的
"十地"出自《華嚴經》，亦稱爲"菩薩十地"，依次爲：1.歡喜地
(pramudita)，又作淨心地、聖地、無我地、證地，即初爲聖者，遂起大
歡喜心之位。2.離垢地(vimalā)，又作具戒地、增上戒地，即捨離起誤
心、破戒、煩惱垢等之覺位。3.發光地(prabhākarī)，又作明地、有光
地，依禪定而得智慧之光，並修聞、思、修三慧，使眞理漸明之覺
位。4.焰慧地(arcismati)，又作炎地、增曜地，捨離前三地之分別見
解，以智慧火燒煩惱薪，因此而悟智慧之本體，即依其覺悟所起之阿
含光，如珠之光炎之位。5.難勝地(sudurjayā)，已得正智，難再超出(偏
離)之位；或謂已得出世間智，依自在之方便力救度難救眾生之位。6.
現前地(abhimukhi)，又作現在地、目前地，聽聞般若波羅蜜，而現前生
起大智之位。7.遠行地(dūramgamā)，又作深行地、深入地、玄妙地、
方便具足地(無相方便地)，即修無相行，心作用遠離世間之位；此位往
上更無可求之菩提，往下更無被救之眾生，因此沈潛於無相寂滅之
理，有不能修行之虞，此謂七地沈空之難；此時十方諸佛以七種法勸
勵精進，再鼓起修行之勇氣，以進至第八地，此謂"七勸"。8.不動地
(acalā)，又作色自在地、決定地、寂滅淨地，不斷生起無相之智慧，絕
不爲煩惱所動之覺位。9.善慧地(sādhumati)，又作心自在地、善根地、
無礙住，菩薩以無礙力說法，完成利他行，即智慧之作用自在之覺
位。10.法雲地(dharmameghā)，又作法雨地、究竟地、最上住，得大法
身、具自在力之覺位。——譯註

痕跡。除了以死而絕對沒入於法身——這(以吠檀多派的方式)取代了完全的入滅——之外，如今區分出兩種此世的涅槃：1.有餘涅槃(sopadhi-śesa-nirvāna)，亦即解脫愛慾苦惱，然而尚未自輪迴當中解脫出來，因爲缺乏主智主義的靈知之故——此乃佛教裡一般而言特色獨具的理性要素[33]；2.無餘涅槃(nirupadhiśesa-nirvāna)，此即自物依止(upadhi-samniśrita，實體化，按：執著)中解脫出來的涅槃，是一種藉著完全的靈知、而自輪迴當中解放出來的即身解脫(vimukti)的此世的至福狀態。但是，大乘學派的特色，即在於現世內的涅槃這個概念並未因此而完全道盡。情形毋寧是：在逃離現世的神秘主義之外，又有，3.現世內的神秘主義，換言之，這正是在現世裡，面對現世及其種種機制而加以漠視，從而確證自己的一種生活，並且發自內在地遠離俗世與死亡，亦即如實地甘受生、死、再生、再死、生活與行動，及其一切的表象歡樂與表象苦惱，以其爲存在的永恆形式，並且就這樣堅持著漠視現世的救贖確證。

在《薄伽梵歌》中，如我們先前所見的，呈現出一種內在於現世的現世冷漠，而佛教則將之作了個翻轉：面對著有意識地與

---

[33] 這是鈴木大拙相當強調的一點，參見*Outlines of Mahayana Buddhism*, p. 344。

全稱爲"有餘依涅槃"，乃"無餘依涅槃"(無餘涅槃)之對稱。依，指依身，即人之身體。小乘佛教認爲，雖然斷卻一切生死原因之煩惱而證得涅槃，然因前世惑業所造成之果報身尚存，亦即生死之因已斷，尚有生死之果待盡者，稱爲有餘涅槃。反之，已斷盡生死之因，又無生死之果，而達灰身滅智之究竟涅槃之境界者，稱爲無餘涅槃。大乘佛教則認爲，佛之應身、化身爲有餘涅槃，佛之眞身爲無餘涅槃。——譯註

法身合一、以及藉此而與一切(因慈悲的無等差主義之愛而被包攝的)眾生合一的、超時間性的價值,當下表現出作爲此種過程之絕對空無的智慧與感情。此一立場的痕跡可追溯到很久以前[34],但是我們仍能了解,現今正是由它來代表"眞正的"大乘觀點[35],因爲它容許菩薩的理念以一種最近代的神秘主義思想來加以解釋。

無論如何,大約五世紀時,世親(Vasubandhu)的"菩提心的覺醒"似乎已經譯成中文[36],並且也包含了對於菩薩理念的這種翻轉而言、具有決定性的學說。"菩提心"(bodhicitta)[37]是潛藏於任何人心中的"知愛"的能力,此一能力一旦被喚醒,即喚醒誓願(pranidhāna),換言之,爲了同胞的救贖,願意透過自己之再生的整個過程,像如來(Tathāgata,救世者)一般地活動的不退轉意志。具有此種資質的菩薩,不但藉此而達成自己的救贖,並且——這才是最重要的——也藉此而累積起一座功德的寶庫,使得他能從中施發恩寵。在此意義下,他也就能超然於業的因果報應的鋼鐵力量之外。

以此,無學識的俗人階層所需求於宗教,然而原始佛教卻無法提供的——活生生的救贖者(如來與菩薩)和施予恩寵的可能性—

---

[34] 至少鈴木大拙所引用的原典可以讓我們這麼推論,但是這樣的觀點在較古老的時代裡有多大程度的擴展,是很成問題的。

[35] 鈴木大拙如此説。

[36] 即世親的《發菩提心經論》,二卷,鳩摩羅什譯,收於《大正新修大藏經》第三十二冊。——譯註
世親(又作天親,音譯婆藪槃豆),四、五世紀時北印度犍陀羅國人,爲大乘佛教瑜伽行派創始人之一。不過,根據近代學者考證,世親有二人,一爲無著之弟,瑜伽行派之論師,四世紀時人;另一則爲一切有部之論師,著有《俱舍論》等書,五世紀時人。——譯註

[37] 大約等同於靈知—愛心(Gnosis-Liebesherz)。

一都在理論上有了基礎。所謂恩寵，不證自明地，首先是巫術的、此世的恩寵，然後才是關於再生和彼世命運的彼岸的恩寵。因爲，正如同北印度的哲學學派的產物一般，大乘教義的唯心論形態亦於此處再現，但是在宗教生活的實踐上，和其他各處一樣，一般慣見的俗人觀念還是明顯地占了上風。

　　西元一世紀時的龍樹(Nāgārjuna)[38]，大乘教理的首位奠基者，確實已在其般若波羅蜜(prajñā-pāramitā，到達彼岸的智慧)中，教示"空"爲得救贖者的獨特存在形態(sattva, 有情、眾生)。對龍樹而言，除了"中道"(madhyamā-pratipad)[39]——自我棄絕的一切手段(就

---

[38] 爲印度大乘佛教中觀學派之創始人。又稱龍猛、龍勝，二、三世紀時南印度人，出身婆羅門種姓，著述甚豐，唯關於其傳記，傳說成分頗濃，生卒年代亦有許多爭論。——譯註

[39] 換言之，處於，1.説一切有部之古來的固有教説——(依數論派的方式)主張外界之實在，與2.吠檀多派影響下的各學派——論點接近有關宇宙之幻相的教義，諸説的中間。

"中道"的説法各家不一，若就阿含教説(也就是最爲原始的)而言，則大致可釋之如下：因八正道之實踐是遠離快樂主義與苦行主義等偏頗之生活態度，由此得以完成智慧，進入菩提涅槃，故稱八正道爲中道。若正確理解十二緣起之眞理，因而遠離常見(認爲眾生生命主體之我爲永遠存續者)、與斷見(認爲死後全歸滅無)，或有見(自然之立場、世間之常識)、與無見(虛無主義)等偏頗之看法，故正觀十二緣起，是謂住於中道之正見。前者爲佛陀初轉法輪時所説，乃屬實踐上之中道，後者則爲思想上之中道。

至於大乘中觀派(即龍樹)的主張，則以般若波羅蜜爲根本立場，以遠離一切執著、分別而無所得者爲中道。根據《中論》卷一〈觀因緣品〉所載，緣起之理法是打破生、滅、斷、常、一、異、去、來等八種邪見，而闡明空之眞理；萬有以順此緣起道理而存在，故離八邪，本無實體，不爲執著之對象。如此，離八邪而住於無得正觀，稱爲中道，此即八不中道、八不正觀、無得中道、八不中觀等。——譯註

中特別是爲所有眾生的布施與死的覺悟)的統合——之外，持續不
斷的冥思與智慧(prajñā)，便是獲得救贖的最究竟與最高的手段。
然而，即使是他，也認爲智者是具有巫術力量的人。這樣的人物
用咒語(dhāranī，眞言、陀羅尼)[40]和手印來降伏人類與精靈。四百
年之後，隨著世親的教示，民間的怛特羅(tantra)[41]巫術——達到忘
我的三昧(samādhi)狀態而獲得神通力(siddhi，悉地)[42]的方法——應

---

[40] 梵語dhāranī，意譯爲“總持”、“能持”、“能遮”，即能總攝憶持無量佛法
而不忘失之之念慧力。換言之，陀羅尼即爲一種記憶術。陀羅尼能持
各種善法，能遮除各種惡法。因菩薩以利他爲主，爲教化他人，故必
須得陀羅尼，得此則能不忘失無量之佛法，而在眾中無所畏，同時亦
能自由自在的說教。有關菩薩所得之陀羅尼，諸經論所說頗多。及至
後世，因爲陀羅尼之形式，類似誦咒，因此後人將其與咒混同，遂統
稱咒爲陀羅尼。然一般仍以字句長短加以區分，長句者爲陀羅尼，短
句者爲眞言，一字二字爲種子。咒既名爲陀羅尼，故對經、律、論
之三藏而言，集聚咒之記錄，即稱爲陀羅尼藏、明咒藏、秘藏等，爲
五藏之一。基於此之陀羅尼，有大隋求陀羅尼、佛頂尊勝陀羅尼等，
以及應不同諸尊之特殊修法，依修法之目的而誦相應之陀羅尼。——
譯註

[41] 怛特羅，本爲“相續”之意，後轉用爲密咒與教義之語。西藏大藏經中稱
秘密經典爲怛特羅。密教亦將“因相”、“性相”、“果相”等三相結合之教
稱爲怛特羅；故怛特羅即爲結合發菩提心始之灌頂、三摩耶戒等之前
行所作及觀法修行，乃至究竟之證果等三相，使之成爲統一無缺之相
續教說。怛特羅有四種：1.作怛特羅(kriyā-tantra)；2.行怛特羅(caryā-
tantra)；3.瑜伽怛特羅(yoga-tantra)；4.無上瑜伽怛特羅(anuttarayoga-
tantra)。——譯註

[42] 梵語siddhi，意譯作成就、妙成就。梵漢並舉則稱成就悉地。於密教，
意指依誦持眞言等，以身、口、意三密相應而成就世間、出世間種種
妙果。據《大日經疏》卷十五所載，完成正覺之階位，稱爲無上悉
地；到達此位之前，尚有信、入地、五通、二乘、成佛等五種悉地。
對此，顯教諸師認爲“信”是地前之信行，“入地”是指入於初歡喜地(相

世而出，與印度教的萬神殿並立共存。以此，發展終告完成：世親被視爲最後的菩薩。

一種理性的、現世內的生活態度，也不會建立在大乘這種高調哲學的、唯心論的、救世論的基礎上。古來的俗人倫理的結集並沒有超出於普通的美德、特別是印度教—佛教的儀式戒律的範圍之外，就我們的目的而言，至少沒有在此一一加以分析的必要。對於(因超人的奇蹟行事而被賦與資格的)菩薩的崇拜順服，還有巫術，是想當然耳的主流基調。舉凡巫術療法，驅邪的、巫術—同類療法的恍惚忘我，偶像崇拜與聖徒崇拜，成群結隊的神祇、天使與惡魔，通通進入到大乘佛教裡來；尤其是：天界、地獄和彌賽亞[43]。高高君臨於第七天上的，是超脫於(對生之)"渴望"

當於聲聞之入見道)，"五通"是遍知世間五神通之境，至超越五通仙人位而臻第四地，"二乘"是超越二乘之境界，而至第八地，"成佛"即是由第九地修菩提道，進而完成如來位。若依密教，則出歡喜地有十心，初心至第四心爲五通，第五心至第八心爲二乘，第九心至第十心，即得成佛。即初地十心分三品，初四心爲下品，次四心爲中品，後二心爲上品。——譯註

[43] 前二者(天界與地獄)從未被清除，但就原始佛教的關懷而言，它們根本沒有任何地位。

彌賽亞(maschiach)在希伯來語中出於"加膏油"(maschia)一字，爲"受膏者"之意。在《舊約聖經》裡，作爲受膏者的彌賽亞，是用來對王的尊稱。例如〈撒母耳記上〉第24章第6節，以色列王制時代的第一個王掃羅即被稱爲耶和華的"受膏者"。在《新約聖經》裡，當耶穌被稱爲基督時，所謂基督即由chrio(加膏油)的動詞型而來，是maschiach的希臘譯文。只是，當耶穌被稱爲基督(彌賽亞)時，並非意指《舊約聖經》中所指的以色列人在政治上的王(爲以色列帶來獨立與光榮的王者)，而是在聖靈上爲救世主的意思。本來只是以色列人的救世主，後來擴大爲基督教世界的救世主，最後則逐漸成爲一切救世主的代名詞。——譯註

與"名色"(個別性)[44]之外的未來的救世主[45]：彌勒菩薩，佛教獨特的彌賽亞信仰的擔綱者[46]。同樣的，地獄的恐怖也不遠。最後，大乘

---

[44] 這在最下一層天界仍處處可見，那兒住的是諸如吠陀眾神，以及透過業而暫時居停的靈魂。

佛教有許多層次的"天"(deva-loka, 提婆)，或許也可解釋爲"境界"。此處所謂"最下一層天界"，指的是"六欲天"(屬於欲界的六種天)之中的四大王眾天與三十三天，六欲天依次爲：1.四大王眾天(又稱四天王：持國天、增長天、廣目天、多聞天等及其眷屬之住所)，2.三十三天(又稱忉利天，此天之主稱釋提桓因，即帝釋天)，3.夜摩天(又稱焰摩天、第三焰天)，4.兜率天，5.樂變化天(又稱化樂天)，6.化自在天(又稱第六天、魔天)。前二天位於須彌山之上，故稱地居天；夜摩天以上則住在空中，故稱空居天。在四大王眾天或三十三天中，若因起瞋心或耽迷遊戲之樂，而失正念者，則自天界墮落。——譯註

[45] 這在佛教的聖者所住的較高層的天界裡也普遍見到。

所謂"較高層的天界"指的是：1.屬於色界的天，即四禪天(初禪天、第二禪天、第三禪天、第四禪天)，每一禪天又分爲若干天，其中初禪、二禪、三禪均爲生樂受樂之天，故稱樂生天。此外，屬於初禪天之中的大梵天又稱爲梵天、大梵天王，與帝釋天並稱爲"釋梵"，若再加四天王，則稱"釋梵四王"均爲佛法之守護神。2.屬於無色界之諸天，即空無邊處天、識無邊處天、無所有處天、非想非非想處天(有頂天)，四無色天由於無色(超越物質)，故無住處。——譯註

[46] 大乘文學的出色之處，在於其繁複地耽溺於歡喜、奇蹟與聖者的交錯紛陳。特別是《方廣大莊嚴經》(Lalita Vistara)裡相當古老的大乘佛傳(由Lefmann譯爲德文)已經——相對於馬鳴還算素樸的描寫，是以一種可以想見的非藝術的、但獨特而神秘的、巫術的筆致——充斥著奇蹟，並且以橫溢著寶石、光線、蓮花及各類草木、香氣的鋪陳方式來表現，令人想起懷爾德(Wilde, Dorian Gray)與修斯曼斯(Huysmans)那類的頹廢文學。其中所表露的，事實上，是神秘的秘密性愛(Krypto-erotik)。《方廣大莊嚴經》裡對於佛母(Theotokos)之美的描寫，以及《觀無量壽經》裡對於阿彌陀佛觀想的制定，可以說是各式各樣珠寶、鮮花、狎暱之美的總動員，提供給熾烈的性愛熱情上演的舞台。

學派有關救贖的部分階段,也被轉化成一種形式上的救贖歷程:在阿羅漢本身之下就被區分成三個階段,其中最高一階被保證作爲阿羅漢而再生於天界,其次是再死一次就再生爲阿羅漢,最下一階是只要再死七次就保證再生爲阿羅漢[47]。

大乘佛教首先透過形式的祈禱禮拜,最後則透過轉經筒[48]的技術,以及繫在風中或唾貼在偶像上的護符,達到崇拜之機械化的絕對最高點,並且藉此而將全世界轉化成一所龐大的巫術性的魔術花園。即使如此,我們也不可忽略佛教——在亞洲也只有佛教,並且舉凡佛教所到之處——將其特色,亦即對於一切被造物的眞摯態度與人道主義的慈悲心,深植於一般人心理感情中的事實。在這一點上,佛教的作用與西方的托缽僧相類似。這些特色同時也正典型地表露於大乘宗教思想的德性之中。然而,這些絕不能說是恰相對立於小乘學派而爲大乘佛教所固有的。

剛好相反,在大乘裡,產生出一種理性的、俗人的生活方法論的任何端倪都沒有。和創造出這樣一種理性的俗人宗教意識遠相背離的,大乘佛教是將一種密教的、本質上是婆羅門式的、知識份子的神秘思想,和粗野的巫術、偶像崇拜和聖徒崇拜、或俗人公式性的祈禱禮拜相結合起來[49]。小乘學派至少在某一點上,並

---

[47] 此一教義,對於喇嘛教裡某些重要的觀念的生成(例如Khubilghan的教義,按:在蒙古語裡,此字爲化身、轉生者之意),是不無影響的。後文再述。

[48] 西藏佛教徒祈禱所用之法物。其形狀如桶,大小不一,中貫以軸,其中裝有紙印經文,周圍刻有六字眞言(唵嘛呢叭嚼吽);以手撥之即會轉動,轉動一周表示念誦六字眞言一遍。另有風動、水動、腳踏式等數種;其名稱則有摩尼輪、祈禱輪等。——譯註

[49] 像《觀無量壽經》(*Saint Book of the East*, vol., 49)這類在中國與日本重

沒有離棄其來自於高貴的俗人—救世論的源頭，亦即，它發展出
一種有系統的、僧院的俗人教育(儘管很快就墮入因襲)。良家子弟
通常——或許是自阿育王加入僧團以來——會在嚴格的小乘佛教
風行的地區進入寺院度過一段時間的比丘生活；這情形至今仍然
如此，當然，在時間上現在往往只有四天，所以基本上不過是象
徵性的。但是，應俗人之需求而仿造國民學校的方式興辦的眞正
僧院學校，在小乘學派裡可能是自阿育王以來即已存在的現象。
在大乘佛教裡，同樣的現象，至少是作爲有系統地維持下來的一
種制度，只有日本的某些教派還保持住。我們很可以相信，阿育
王對僧院生活的熱誠，已將"國內布教"的這種趨向，深遠地刻畫
在小乘學派身上。

　佛教原本的救贖教義本來就是高貴的知識份子的救世論，所
以無可否認的，其對於種姓的冷漠在實踐上亦有如下的結果。換
言之，佛教的某些個古老的學派，被明白記載著是由首陀羅所創
建的[50]。然而，和佛教之創建約當同時的行會權勢時代裡，無疑的

要的大乘布教經典當中，所顯示的倫理要求是簡易且按需求而分階段
的。作惡多端和極爲愚魯的人，最壞的情況是墮入地獄裡，但阿彌陀
佛的呼聲可以將他們拯救出來。雖然作惡，但未毀謗大乘教說者，境
況就已經比較好一些。好好持家又能行善者，當然更上一層。還要更
好的是遵守儀戒律並且在一定時間裡持齋戒者。能夠信守正確的教
說(業—決定論)、不毀謗大乘教義且向無上道精進者，即可得到較高的
禪悅狀態。能了悟大乘教義且不加毀謗者的命運又會更好。若是能行
觀想，或研習大乘學派的經典，或最後能抱持純粹教說的"愛心"(按：
至誠心、深心、迴向發願心)者，即能往生淨土，亦即後期佛教宗教觀
裡的西方極樂世界(關於完成的各個階段，參見此書第22-30節)。

[50] 在中國的朝聖者時代裡，北印度邊境地區的正量部與上座部，被視爲
由首陀羅所創建的。兩者皆爲分別說部的支派，代表古代教會——除

也存在著市民階層對於文識教養的需求。課程中所教的,當然,就我們所知,不是理性的思惟與生活,而毋寧從來就只是針對著擴大他們所必要的宗教知識。不過,就在小乘學派那兒,既然他們的經典是用民眾的方言寫成的,所以在某些情況下,閱讀也可能在教授範圍內。

此之外,還有龍樹的中觀學派,以及經量部(儀式主義派)和瑜伽行派。

4

布教

一、錫蘭與中南半島

小乘佛教——或者更正確地說：分裂前的古代正統佛教——的直接創建，是**錫蘭**的教會[1]。在雅利安人入侵的數個世紀之後(345 B.C.)，(據稱是)阿育王之子的瑪興達(Mahinda)[2]才以布教使節的身分來到錫蘭。儘管屢遭挫折，並且有來自摩訶剌侘人、特別是南印度的坦米爾族的不斷侵擾，也一度遭到中國人的侵略，但錫蘭佛教的僧院層級制支配仍然長久地維持下來。支持此一支配

---

[1] 很遺憾的，關於錫蘭的基本著作(Tennant所著，1860年，第五版)我無法採用到。在Kern的佛教史裡，可以找到關於僧院史的記述。關於僧院的組織，刊載於Bowles Daly的官方報告裡(*Final Report on the Buddhist Temporalities Ordinance*, 1894)。此外，Spence Hardy的著作(*Eastern Monachism*)亦是基本文獻。

[2] 韋伯原文作Malinda，此處我們按相關的佛教史資料改正爲Mahinda。又有按梵文拼音爲Mahendra者，舊譯"摩哂陀"。

的，是奠基在一個大規模的灌溉體系——此一體系讓錫蘭成爲南
印度的穀倉——及其所必須的官僚體制上的君主制度，反過來，
君主制度也受到僧院層級制支配幫著馴服民衆的報答。極爲巨額
的土地捐獻，以及僧院層級制權威性的諄諄教誨，幾乎塡滿了整
個作爲錫蘭君王時代之遺產的碑銘[3]與史記[4]。

　　錫蘭佛教的決定性特色是僧院領主制：涵蓋了大約三分之一
的土地。透過此一制度，尤其是使得聖典上禁止擁有金錢的規定
得以實現——至少在形式上。然而，這也使得以古代特有的貴族
形式來進行的日常托缽，在實際上明顯的成爲儀式性作爲。因
爲，舉凡僧院之所需，以及爲了俗人的禮拜和維持寺院的整個開
銷，都是取之於身爲世襲佃農而在被分配的農地上耕作的農民。
此種方式，譬如在莊園人頭稅這方面，讓人想起古代卡羅琳王朝
的國庫與僧院領主制，只不過，就自然經濟之徹底實行這一點而
言，就遠遠超出於後者之上了，亦即：各式各樣的糧食品和手工
業製品，都以特別稅的方式向農民課取，因此不需要(或者說，應
該沒有必要)去購買任何的必需品。此際，世襲佃農的負擔是如此
之輕，以致於英國的支配者在詳細的調查之後，特別是徵得世襲

---

[3] 遺憾的是我一時無法拿到Gregory的翻譯。

[4] 特別是 *Mahāvamsa*。
　　相傳爲五世紀末大名(Mahānāma)所編纂的錫蘭史書，又作大王統史。
　　以佛教爲中心記述錫蘭之歷史，與《島史》(*Dipāvansa*)同爲現存之王統
　　編年史詩，以巴利文寫成，惟其敍述較島史嚴謹。凡三十七章，載錄
　　始自錫蘭上古，迄摩訶斯那王(Mahāsena, 334-362)之世，可視爲錫蘭正
　　統保守佛教之大寺派(Mahāvihāra)所傳之佛教史。全書之敍述雖未必皆
　　爲正確，然以錫蘭古代文獻之缺乏，此書仍爲極珍貴之史料。全書有
　　日譯本，收於南傳大藏經第六十冊。——譯註

佃農本身的同意之下，不作更改稅賦的考慮。當然，個別點上的
調整是一再進行的。整體而言，不管是早先的還是近代的旅行的
描述，都肯定了以下這幅圖象：僧侶在僧院中的生活，尤其是其
居住形式(pansala)，是簡樸的，比起意大利的塞脫薩(Certosa)修道
院都要簡樸，並且謹守《戒本經》裡的基本戒律；僧院之惡名昭
彰的貪婪，主要是針對敎團本身巨額的產業。

　　俗人的虔誠，既然一般而言是佛敎式的，重點主要放在遺物
崇拜(尤其是對佛齒的崇拜)與聖徒崇拜，本質上完全相應於佛敎之
與俗人的關係。聖職者對於俗人的影響——作爲其導師、驅邪
者、神療師[5]所起的作用，必然有著政治上的重大意義，因爲，即
使是像卡瑪拉(Kammalar，王室手工業者)這樣的印度敎的(異端的)
種姓，都未能擺脫其影響。除了緬甸以外，沒有任何地方像錫蘭
這樣，使得佛敎的在家者戒律被實踐到近乎理論上要求的地步。
只不過，這些戒律非常有限，並且基本上只是對俗人的形式主義
的要求。佛敎徒的生活，在內容上盡是讀與寫的課程、說法的聽
聞、短時間的苦行、曼陀羅的誦讀以及請敎(被當作巫師的)僧侶。
實際上是鬼神信仰支配著俗人的生活，還有異端的巫師(特別是替
人治病的神療師)也存在著。當然，僧團本身總是被高高地崇敬爲
純正傳統與聖典的守護者。

　　中南半島多半被認爲是小乘佛敎的布敎地區。這並不是絕對
妥當的。由於不斷的外來侵略，那兒有許多不同政治組織的建
構，因而同時領受著來自於印度敎(婆羅門敎)、小乘佛敎，以及顯
然的、大乘佛敎的影響。婆羅門—吠陀的敎養，以及至少是種姓

---

[5] 如同西藏，同類療法和驅邪裓魔的咒念技術，在錫蘭也被有系統地傳
　　授。

建制(手工業者的種姓)的萌芽,也在那兒出現。事實上,小乘學派最終獲勝之處,也只限於以錫蘭爲布教中心的鄰近地區,尤其是在蒙古的征服諸侯歸順於小乘之後:蒙古諸侯於中世紀時的入侵,決定了直到歐洲人占領時期爲止、各邦國統治的政治勢力分配。其間,如碑文所顯示的,一切總是不斷地變換著。

諸王對於子民的馴服與理性的文書行政的需求,一般而言總是促使他們向外招來精通文書的人,這些人,依情況之不同,要不是婆羅門教的、大乘佛教的,或者,至少是小乘佛教的。輪迴與業,也很快的就成爲一般民間信仰裡不證自明的前提。另一方面,婆羅門的教養與佛教的教養在相當長的一段時期裡,也比肩並存著。西元八世紀的一塊暹邏的佛教碑文裡提到婆羅門,而十六世紀時的一位君王也還護持"佛教與婆羅門教"[6],儘管其時錫蘭的佛教已正式地成爲國教[7]。十世紀時的一道國王詔敕裡提到導師(Guru)與教師(ācārya, 阿闍梨)[8];大量捐獻奴隸與土地給僧院的事,發生在各個時代裡。不過,直到十五、十六世紀起,這才眞正清楚明白地涉及佛教、特別是小乘佛教僧院的問題[9]。其間的轉折,在一塊十四世紀的暹邏國王的大型碑文裡,極爲清楚地顯示出來[10]。這個國王表示自己是吠陀的精通者,並且,如其所說的,

---

[6] 關於這兩個碑文,參見 Furneau, *Le Siam ancien*(Annales du Musée Guimet, 27), pp. 129, 187。

[7] Furneau, *Le Siam ancien*, p. 233(此爲十三世紀的碑文,後面還要談到)。

[8] Furneau, *Le Siam ancien*, p. 141。

[9] Furneau, *Le Siam ancien*, p. 144(十五世紀),提及一名mahasangharaya(集會的長老);Furneau, *Le Siam ancien*, p. 153(十六世紀),提及正確的三寶,亦即:"佛、法、僧"。

[10] Furneau, *Le Siam ancien*, p. 171。這塊碑文是緊接著十三世紀那塊記載著

渴望因陀羅的天界，但是他也渴求輪迴之終點的涅槃。因此，他大量捐獻、大興土木——用的是他自己的手工業者。然而，儘管碑文帶有佛教的性格，土木興築的主要對象卻是印度敎兩大神祇濕婆神(Śiva)與毘濕奴神(Visnu)的雕像與寺院。爲了榮耀自己的宗敎功蹟，國王遣人到錫蘭去，並且經由當地的一位聖者之手迎回第一部三藏聖典。值此之際，他宣示放棄因陀羅與梵天的天界，而誓願成爲一個爲所有子民帶來脫世救贖之福祉的佛[11]。他個人加入敎團——無疑的，爲的是成爲大敎主來領導敎會，並且藉此而統領他的子民。然而，根據碑文的記載，由於他的過度虔誠所致，發生了下面這件驚人的重大事件：王國中的有力人士懇請他退出敎團而以俗人之身來統治王國，在徵得上述聖者的同意之後，他也就這麼做了。以此，我們可以看出，這其中所牽涉到的，究極而言，是政治權力上的考量，並且，就其加入敎團一事而言，牽涉到一般小乘佛教的入信許可與還俗許可的問題。

僧院組織的確從來就是、並且現今仍然是正統小乘的。在新參修業期(shin)之後，以upyin-sin身分被准許加入敎團的僧侶，還需要大約十年的確證期，在此期間，他必須於僧院裡以受俸者的身分一心一意於宗敎實修，期滿後即成爲完全僧侶、和尚、緬甸語中的pon-gyi("大名望")，並具有靈魂司牧的導師資格。十三世紀

引用書寫技術和正式採用佛教的碑文(p. 233)。

應當是素可泰(Sukho-thai, 1257-1436)王朝的立泰王(Thammaraja Luthai, 1347-1370)。根據史書所言，此一國王通內外典，著有三界論。並興建不少佛教寺院與佛像。——譯註

[11] 冠有神聖尊號(Shri)的另一個國王(Furneau, *Le Siam ancien*, p. 214)則希望再生爲菩薩，以作爲其功績的果報。如果不能如此，那麼就再生爲虔誠且完美的人，並且免於肉體的病痛。

的暹邏碑文當中已顯示出：僧侶的品位與稱號之排序的這種原則，即使在當時便已如此相應於原始佛教原理地妥當運作。以此，僧侶在暹邏即被加以Guru、thera、Mahāthera(最後)的稱號而受到尊榮，並且一方面是修道僧，一方面則爲隱遁者。然而，其功能總不外乎：俗人的導師(宗教顧問)和神聖知識的教師。被稱爲Sankharat(上師)的高級導師，當時是由國王任命爲教會長老而位於同儕者之上[12]。在此，國王，就像阿育王那樣，要求作爲教會之俗世保護者——最高位的成員(membrum eminens, =cakravartirājan, 轉輪聖王)的地位。然而，國王仍然保持著古來對於山岳神祇的崇拜，因爲若停止此種崇拜，便會危及子民的幸福[13]。

無論如何，國王總是會找來佛教的賢智之士，爲的是建立國家的書寫體系[14]——無可置疑的，這是行政利害考量下的期望。碑文上明白顯示出，暹邏王室，特別是在王位的繼承(或再繼承)之際，採取全方位的軍事擴張政策，並且與中國的擴張企圖相纏鬥[15]，此外，還發展常備軍和官僚行政，行使"王室裁判"(Kabinettsjustiz)[16]，並致力於打破(或許是封建)貴族的勢力[17]。處於君主保護之下的小

---

[12] 見十三世紀末葉的Rama-Komheng王的大型碑文(Furneau, *Le Siam ancien*, pp. 133 f., p. 85, p. 109)。

[13] Furneau, *Le Siam ancien*, p. 78。

[14] Furneau, *Le Siam ancien*, p. 106。

[15] 見此一碑文的開頭處。關於國王的征服，則見碑文末尾。

[16] Furneau, *Le Siam ancien*, p. 32。

　Kabinett一詞，在英國大概要到十七世紀左右才用來指獨立於原有之中央各部門而直屬於君主的顧問圈。在此含意下的Kabinett所執行的判決稱爲"王室裁判"，乃是一種"諭旨判決"。——譯註

[17] Furneau, *Le Siam ancien*, p. 26。碑文裡說，人應該直接親近國王，而不是親近貴族。

乘僧院佛教也必然要對此助以一臂之力，並且無疑的是成功做到這點。古來的氏族凝聚之意義，在教權制的勢力下，被大大地縮減了。和亞洲其他地區一樣，在中南半島的大部分地區裡，君主的權力很明顯的不再受制於氏族。情形毋寧是：受到修道僧權力的限制。因為，在佛教君主治下，僧侶教士階層對於民眾的支配力，幾乎達到絕對的程度，政治問題上亦是如此。促成此種情況的，主要是由於掌握在僧院方丈(Sayah)手中的、極為嚴格的(外在)紀律所致。僧侶若是違犯了四大戒律的其中之一，或者不服從，便會被逐出教會、受到徹底排斥而無以存活。俗人對於僧侶的服從也同樣是毫無限界的。此一宗教階層便是——尤其是在**緬甸**——本土文化的真正擔綱者，因此也是歐洲支配者之最激烈的反對者，因為後者危害了此一階層的地位。

在緬甸，良家出身的在家青年都要被送到僧院裡——就像我們這兒將女兒送往寄宿學校一樣——，作一段時間(從一天到一個月)的僧侶，並獲得一個新的名字：古代巫術苦行的"再生"被跳接為這種性純粹儀式性的僧院避居活動。另一方面，在俗人的生活裡，精靈(Nal)的肆行仍然不減。每個家庭都有自己的"Nal"(守護靈)，並且就相當於印度教裡的"deva"。國王在死後也被認為是到了"精靈之村"(Nal-Ya-tsan-thee)去。

在經濟上，小乘佛教在中南半島地區的支配，也很可以說是當地傳統主義的農業占有壓倒性的優勢，以及技術與產業的發展(和印度本土相較之下)明顯位居劣勢的主要因素。佛教僧院，和亞洲其他任何僧院一樣，很少是理性勞動進行之處。同時，小乘佛教比起大乘要遠為貶斥種姓義務(Kasten-Dharma)，或者——只要是小乘被新引進之處——根本就不容許此種義務有絲毫發展的餘地。以此，涵藏於種姓制度裡的、對(傳統主義意味的)"職業忠誠"(Berufstreue)的一切誘因，都消失殆盡。因為，光是在理論上稱揚盡忠職守的勞動者，一如小乘佛教影響下的南印度和中南半島的文獻中所見的，並無法產生出我們在種姓的神聖秩序中所看到的那種強烈的心理動機。在佛教影響所及之處，例如在緬甸，這似乎相當確實。

在緬甸，小乘佛教的僧院教育確實也發展出某種程度的初等教育，在比率上，相較於印度和一般亞洲地區的情形，算是相當高的，當然，在質的方面，若以歐洲的判準而言，則相當低落(關於這點，參見1911年的《普查報告》第九卷第八章)，這相應於其學校教育之純粹宗教目的的事實。然而，佛教在地方上占優勢的程度，總是當地之識字率的指標。只不過，近代的集約勞動(如棉花的去殼、油的精製)，仍然不得不靠引進下級種姓出身的印度人(參見同書第十一、十二章)。這證明了緬甸本身缺乏種姓所能夠提供的、從事勞動的強烈訓練，另一方面當然也證明了種姓體制並未能靠本身的力量產生出近代的勞動形態。

暹邏幾乎還是個純粹的農業國度，儘管那兒並沒有不利於產業發展的前提條件。在整個中南半島地區，隨著佛教的傳入而成為國教(十四世紀)，婆羅門主義與種姓皆被排除出去，結果，依種姓而分門別類訓練出來的王室事業者所固有的技藝傳統也跟著大為衰退，並且，在佛教影響下所激發出來的工藝活動，實際上也未能產生出同樣高價值的作品來，無論其成果有多麼可觀[18]。純正的小乘佛教，按其內在性格，對於手工業除了採取敵對或頂多是

---

[18] Furneau, *Le Siam ancien*, p. 57。

容忍的立場之外，別無其他。同樣的，在小乘佛教裡，唯有俗人的欲求——被要求幾乎專只爲了宗教功績的獲得——使得對佛教而言典型的宗教藝術被製作與保存下來。

　　一如近年發掘出來的碑文資料所顯示的[19]，在緬甸，如同其他地方，純正的佛教在家眾的宗教關注所在，主要還是緊盯著再生的機會：國王的母后祈求一直能再生爲高潔的人格者，換言之，具有善良的性格與甚深的信心；當未來佛彌勒出現時，她願與此佛共入涅槃[20]。有人希望避免再生於低下身分的家庭[21]。有的人則希望一直再生爲富人和佛弟子，最後獲得全智並且到達涅槃[22]。也有人希望，每一次的再生都和現在的家人(父母、兄弟、子女)在一起[23]。另外有人希望來世能娶得某個特定的女子爲妻[24]。僧侶也希望——如果必須再生爲俗人的話——擁有美麗的妻子[25]。除此，亦有人希望善行的功德能夠迴向給死者，特別是那些下到地獄裡的死者[26]——這是眾所週知的，不只在後期佛教裡出現、亦於印度教裡登場的業的教義。

　　亞洲眞正有力的布教的宗教(Missionsreligion)，不是小乘教會，而是**大乘**教會。

---

[19] 參見Aymonier所刊出的碑文(十五到十七世紀)：Aymonier, *Journal Asiatique*, 9 (Ser. 14, 1899, pp. 493 ff., esp. Ser. 15, 1900, pp. 146 ff.)。

[20] Aymonier, *Journal Asiatique*, 9, p. 16 f.

[21] Aymonier, *Journal Asiatique*, 9, p. 164.

[22] Aymonier, *Journal Asiatique*, 9, p. 153.

[23] Aymonier, *Journal Asiatique*, 9, p. 154.

[24] Aymonier, *Journal Asiatique*, 9, p. 170.

[25] Aymonier, *Journal Asiatique*, 9, p. 150.

[26] Aymonier, *Journal Asiatique*, 9, p. 150.

　　大乘佛教，也和當時的小乘學派一樣，首先是藉著一位君王而開展其布教的事業[27]，此即西元紀年後不久，位於喀什米爾和西北部印度地區的迦膩色迦王(Kaniska)[28]。大乘佛教所正式承認的所謂的第三次、也就是最後一次結集，便是在迦膩色迦王的號召下於喀什米爾的一個城市裡召開。大乘佛教在北印度——阿育王舉行正統派結集的地方——弘揚開來，並且最終取得優勢地位，而小乘則變成一個"南方的"分派，這很顯然都有賴於迦膩色迦王的權勢。當然，發展至此的過程是一直在進行著的，秘法的大乘的

---

[27] 將大乘佛教視為向東亞布教的唯一擔綱者，是相當不正確的。中國熟習佛教聖典的方法，起先是透過說一切有部——以古代(小乘的)毘婆沙師(Vaibhāsā)的教義為基礎的一個教派——的經典。部分利用海路而來的、較早期的朝聖僧侶，並不太區分小乘與大乘。雖然如此，隨著北印度的漸次大乘佛教化，以及因此之故，後來只從那兒橫越陸地而將以梵文書寫的大乘經典傳入中國的這種情況，正說明了一般的見解。中國也正是在這期間裡轉變成一個純粹的大陸國家。另一方面，小乘學派在中南半島的優勢，也不是一開始就是如此的。相反的，大乘的布教在此多半是比較古老的，直到後來信仰復興運動時，才給了中南半島那樣的契機——與古代正統教會的傳統和鄰近的錫蘭教會的傳統相結合起來。

毘婆沙，註釋之意。註釋經書者，稱為優婆提舍；以律、論之註釋為主者，稱為毘婆沙。——譯註

[28] 古印度犍陀羅國王，為貴霜王朝第三代君主，其年代雖被認定為印度政治、文化史上之關鍵時代，然而學界卻一直無法確定，目前學者多半認為是在一世紀後半葉，不過，也有主張二世紀的說法。迦膩色迦曾建立一個大帝國，支配今日印度北部、巴基斯坦一帶，推廣佛教甚力，在佛教史上與阿育王並稱為護持佛法最重要的兩個君主。章伯此處雖將大乘佛教的傳布歸功於他，不過，他與大乘佛教的關係，至今仍不十分清楚，雖然當時的貴霜王朝的確是大乘佛教的主要基地。——譯註

救世論之發展也早就開始了。馬鳴至少在結集前的一個世紀，就已寫出總之還算有節制的大乘作品。龍樹則被視爲結集本身的原動力。其他被大乘教徒列爲權威的哲學家，幾乎都出現在結集之後的幾個世紀裡，沒有一個超出西元一千年以後。

大乘佛教的主要擴展期直到西元七世紀爲止。不過，自五世紀開始，佛教在印度的光芒就已慢慢的在消退。其中的因素，除了我們前述的要因之外，或許就屬那種俸祿化的過程——通常不管任何宗教都會適時採行的，而大乘學派可能還特別重用。授與恩寵的定居聖職者，亦即俸祿受領者，取代了遊方的托缽僧。後期佛教，似乎也和耆那教一樣，往往喜歡利用儀式方面訓練有素的、執著於禮拜的婆羅門來從事他們自家的寺院禮拜工作。儘管佛教徒原先對於婆羅門的敵對態度，婆羅門仍在許許多多的傳說裡扮演了驚人的角色，並且也出現在佛教的碑文裡。以此，在印度很快的就發展出一種佛教的世俗祭司制：娶妻的佛教祭司世襲地占有僧院的俸祿。至少在尼泊爾和北印度的邊境地區，至今都還明白顯示著此種發展。

一旦有個以布教目的爲取向的嚴密組織出現而加入競爭的行列，佛教必然馬上就顯露出其弱點來，不只是外在的弱點，同時也是其內在的弱點，亦即：缺乏一種輪廓清晰穩固的俗人倫理，如同見之於婆羅門的種姓儀式主義，以及見之於耆那教的教團組織裡的那種俗人倫理。若我們將中國朝聖僧侶的遊記作個時代間的參照比較，就可明顯看出佛教組織——以其欠缺任何層級上與身分上的統一性——的內在崩壞。

印度教的復興顯然是找到一塊輕易即可開發的土地，正如先前提及的，古代佛教教會的一切痕跡如今在中南半島上幾乎全都滅絕盡淨。不過,在我們轉向正統婆羅門教的這種重新抬頭之前,必須先簡短地考量一下從迦膩色迦王時代即大大成功地擴展到印度之外,以致於得以成為一種"世界宗教"的大乘佛教。

大乘佛教廣大的傳播地區是中國、韓國和日本。

一般而言,在擴展過程中,大乘佛教必須比小乘學派要更加考量到政治上的不同狀況。在大乘佛教至少因布教而部分征服的那些文化國度裡,所面對的是種種王朝,要不是與非佛教的士大夫階層牢牢地聯繫在一起(中國與韓國),就是與一種非佛教的國家祭典緊密相連(日本),並且固守著這樣的連結[29]。因此,那兒的世俗權力一般而言,與其說是扮演著教會的"保衛者"的角色,倒不如說是立於一種"宗教警察"的地位。因此之故,神權政治式的教權制化的可能性非常有限。

二、中國

關於佛教在中國的命運,我們在其他的脈絡裡已有所陳述,此處不過是加以補充。經歷幾次徒然無功的布教嘗試後,佛教終於在西元初年的東漢明帝的統治時期,而且是在皇帝本身的發起下,透過使節僧而傳進中國來。不過,直到大約四世紀時方告生根,這可由中國本土的僧侶一一出現的情形(按:例如竺僧朗、竺法雅、釋道安等)表現出來。然後,在五、六、七世紀時,佛教在國家官方的保護下不斷發展,這包括:派遣許多朝聖僧侶和使

---

[29] 例如京都的天皇的宮廷就是純正神道教的。江戶的純世俗的將軍不可能取得像阿育王那樣的"轉輪王"的地位,因為他明白承認天皇有較高的社會權位。

節、官方的佛教經典翻譯、某些皇帝加入教團,最後——梁武帝治下的526年——"高僧"(Patriarch)菩提達磨(Bodhidharma)從印度移居到南京、然後再遠到河南府[30]。八世紀,最終是九世紀時,在儒教徒的煽動下,佛教寺院受到激烈的迫害(關於這點已經談過)[31],教團在中國的全盛期就此被打破,不過,並無法永遠地加以根絕。中國政府的態度打從一開始就是搖擺不定的,從大迫害之後,一直到康熙皇帝的聖諭,情形恆常是如此。

關鍵性的對手,自然非儒教的士人莫屬。他們的論難如下:不是對於彼岸之懲罰的恐懼或對於彼岸之果報的期待,而是義務,方為德行的泉源;想要以虔誠來減除罪惡,並不是真正恭順的表現;以涅槃為理想,不過是將無理想化。對此,佛教的護教論者則反駁說:儒教所顧慮的只是此世,或頂多是子孫的幸福,而不是彼岸的未來。他們指出,天界與地獄才是使人一心向德的唯一有效的獎懲手段[32]。特別是後面這個主張,很可能動搖皇帝聖聽。除此,還有對於佛教文人也具有巫術力量的信仰。因為,佛教最初是作為士人階層的高尚教義而傳入中國的。

剃度為僧侶的許可,最初是西元335年處於大分裂時期中的一

---

[30] 菩提達磨為南天竺香至國(波斯國)王子,從般若多學道。西元五世紀初泛海至中國,見梁武帝,話不投機,遂渡江至北魏,止於嵩山少林寺,後為禪宗奉為始祖。不過,關於此人之事蹟,頗富傳奇,有些我們亦難分辨其真偽。——譯註

[31] 西元845年(會昌五年),唐武宗下令禁毀佛教,史稱"會昌法難"。——譯註

[32] 這些討論與主張,主要是Edikins從宋史當中編採而來。儒教的史家極為洞徹周密地記述他們之容忍佛教徒為可鄙的、卑怯無力的、畏懼面對死亡的人。這在滿清皇帝康熙所修的明史裡亦隨處可見。

個國家所給予的。佛像在(劉)宋治下的423年和(北)魏王朝的426年遭到破壞，451年又獲得許可[33]。大約400年皇帝姚(按：後秦姚興)為了獲得一名學識上十分夠格的僧侶(按：鳩摩羅什)而派遣出一支軍隊，同時，法顯也受官方委任而前往印度迎取佛經。在梁朝的一個皇帝(按：梁武帝)成為一名僧侶後，戒律和印度佛教特有的神秘主義也隨著高僧之移居中國而引進。直到515年，從事巫術性的秘術都還被處以死刑。即使如此，也還是無法阻止巫術在此處(如其他各處一樣)的滋生蔓延。自此之後，政府的政策即於兩端之間擺蕩：一則是支持或容忍寺院，二則是關閉所有的寺院，限制僧侶的數額，並強令多出的僧侶重新回到世俗的職業裡(714年)[34]，沒收寺產以鑄造貨幣(955年)[35]。在明朝治下，政府所採取的是前此以來慣行的容忍制度，諸如：限制土地的擁有、寺院與僧侶的數目，以及透過國家考試的方式來控制僧籍。最後(十七世紀末)，康熙皇帝的《聖諭》全面禁止寺院繼續取得土地，並拒斥佛教教理為非古典的[36]。此一政策一直延續下去。

　　相應於整個中國文化的文書學者性格，中國的佛教必須特別

---

[33] 南朝一直沒有大規模禁毀佛教的政策，劉宋時亦然，此處不知所指何事。不過，435年時，政府的確曾下令，造寺、鑄像須取得官方許可，違者沒收，然而這也談不上"破壞佛像"。北魏太武帝的滅佛當然是很有名的，不過，時間是在西元446年。——譯註

[34] 唐玄宗開元元年(713)，敕令淘汰僧尼偽濫者，還俗達一萬二千人。歷代類此之事甚多，即使信仰佛教的君主亦如此，主要是為了經濟的考量。——譯註

[35] 指五代時周世宗的滅佛。——譯註

[36] 康熙五十年(1711)下令，調查居住各寺廟僧道之來歷，禁止創建增修寺廟。不過，沒聽說拒斥佛教教理為非古典的諭旨。——譯註

徹底內在轉化爲一種純粹的聖典宗教。印度所固有的爭辯與宗教
論難全都消失了——中國的政府是不會容許這點的，並且這也與
中國文士文化的本質完全相衝突。甚且，中國的佛教也一直都能
——同樣是與中國官僚制之嚴格反狂迷的宗教警察相對應的——
免於性力宗教思想(Sakti-Religiosität)的絲毫浸染，而印度的大乘佛
教並不是一直都能完全幸免此種染指的。

中國佛教[37]打一開始就是沒有遊方僧的僧院教會。佛教寺院—
—相對於儒教寺院(廟)和道教聖堂(觀)，稱爲"寺"——當中也有供
奉本初佛和派生的五佛[38]、五菩薩、阿羅漢和高僧之雕像的寺廟，
以及從中國民間的聖徒崇拜那兒接收來的一群守護神(當中還有我
們先前提過的、被神格化的戰神關帝)。這裡頭特別是中國才有的
一項，是一個女性菩薩的出現：觀音，慈悲(Caritas)的守護女神。
而且，這尊菩薩似乎是隨著時間的流轉才慢慢有了女性的性格[39]，
或許是受到教派競爭的影響——就像多數非政治的宗派一樣，尋
求女性的擁護——才產生的。此一姿容，是和西方身爲救苦女神
的聖母相對等的圖象，也是中國對於性力膜拜的唯一的一次讓
步。佛教寺院起先顯然也是依照印度教的長幼序列體系而建構起
來。但是在中國政府任命了特定的官吏來負責僧院的管理和戒律
的監督之後，再也沒有別立於此一層級制而存在的組織了。僧院

---

[37] 另參見R. F. Johnston, *Buddhist China*, London, 1913。

[38] 即五尊佛。又作五智、五智如來等，有金剛界與胎藏界之別。1.金剛界
五佛：毘盧遮那(Vairocana)、阿閦(Aksobhya)、寶生(Ratna-sambhava)、
阿彌陀(Amitābha)、不空成就(Amogha-siddhi)。2.胎藏界五佛：大日、
寶幢、開敷華王、無量壽、天鼓雷音。——譯註

[39] 譬如朝聖僧法顯(約A.D.400)於海難時就已向觀音呼救。
詳見《佛國記》。——譯註

長老制的萌芽，在大迫害之後並沒有繼續發展，無疑的是由於政治的因素。不過，僧院共同體倒是保持下來，因為每個僧侶都有到任何僧院作客的權利。除此之外，仍然維持住的只有個別寺院的卡理斯瑪威望——因其為儀式肅然端整的名寺古剎。

　　一如印度的方式，佛教寺院分裂為各個學派。並且，本質上顯然是相應於大乘復興的波潮：在大宗師的影響下，這波潮越過印度而擴大到布教地區來。大乘教義在最初傳入中國時，甚至直到高僧菩提達磨來到時，都還沒有發展到後來所見的那種(經龍樹與世親衍繹)的首尾一貫性。所以，最古老的學派——禪宗，在救贖追求的方式上，仍然帶有強烈的小乘性格。古老的冥思(禪定)，將意識"空無化"的追求，拒斥一切外在的崇拜手段，幾乎全都是禪宗所特有的。長期以來，禪宗——正因為其與無為思想的親和性——被視為最優越的，同時也是最大的中國佛教宗派。

　　前述的龍樹與世親的大乘教說，在華嚴宗與法相宗那兒找到代表。前者所接受的，是耽溺於超世間之莊嚴的幻想，後者則是以八個階段的精神集中而達至竟境的菩薩之愛的無等差主義[40]。以此，後面這個宗派在中國明顯的成為佛教特有的慈悲的擔綱者。

　　在其他宗派當中，天台宗，透過大乘系的法華經[41]之翻譯與註

---

[40]　華嚴宗又稱賢首宗、法界宗，為中國十三宗之一，以唐代杜順禪師為初祖(557-640)，華嚴經為主要經典。法相宗又作慈恩宗、瑜伽宗、唯識宗，為中國十三宗之一。所謂"八個階段"指的是：1.萬法唯識，2.五位百法，3.種子現行，4.阿賴耶緣起，5.四分，即(1)相分、(2)見分、(3)自證分、(4)證自證分，6.三類境，(1)性境、(2)獨影境、(3)帶質境，7.三性，(1)遍計所執、(2)依他起、(3)圓成實，8.五性各別，一切有情本具(1)聲聞、(2)獨覺、(3)菩薩、(4)不定、(5)無性等五種種性。——譯註

[41]　見Kern的翻譯：*Saint Book of the East*, XXI (*The Lotus of the True Law*)。

釋，成為最受知識階層歡迎的一個宗派：在本質上，不過是小乘
的冥思與儀式和偶像崇拜的折衷性混合。相對的，律宗是最嚴格
的——就律藏而言——儀式主義的一個宗派，反之，淨土宗則是
最能符合俗人需求的宗派：它所做的是讚美阿彌陀佛和觀音主持
下的西方極樂世界，或許觀音之受到崇奉也是它的功勞。

　　部分而言，中國的佛教試圖以接納其他兩個學派之偉大聖者
的方式來創造出一個統一的宗教(三教一體)。十六世紀的碑銘當中
已可看到佛陀、老子和孔子並肩而立的圖像，類似的情形應該可
以確定是早幾個世紀以前就有的。雖然如此，至少官方的儒教是
拒斥此種企圖的；和古代羅馬的官僚貴族之看待東方的"迷信"一
樣，儒教也是以同樣的眼光來看待佛教。

　　晚期中國佛教的僧侶制的性格本質上是決定於其愈來愈強的
平民性格。現今，有地位且良家出身的人是不會加入寺院的。這
應該是從大迫害以來就是如此，在康熙皇帝頒布聖諭後更是確
定。僧侶是來自於無學識的階層，特別是農民與小市民。此種情
形首先是導致僧侶生活本身愈來愈走向徹底的儀式主義。僧侶若
違反儀式或戒律，往往會受到相當嚴厲的處罰——這與中國的形
式主義的性格恰相應和；但是(以我們對此字之所指)"道德的"過錯
卻受到較輕微的處置。據說，賭博、飲酒、鴉片、女人，在某些
寺院裡扮演了可觀的角色。更不用說，對俗人生活樣式之有系統
的倫理理性化，會有任何端倪出現。為俗人開設的僧院學校，至
少就普及程度而言，幾乎不存在，並且，新進者在成為僧侶、然
後晉升到期待菩薩果位之前的學識教養，極少帶有理性的性格。
僧侶生活的重點有三：1.日常的禮拜，亦即，經典的誦讀，源自於
古代的布薩；2.獨自、或(更具特色的)一齊觀空冥思，亦即，打坐

與經行(這是中國所特有的)[42]；3.苦行的達人作爲，這是大乘自古印度的巫師所行的民間苦行借用而來的。長老僧侶之晉升爲菩薩繼承者的高位，要被燒上烙印(香疤)；而被視爲達人之作爲的，是諸如以下的現象[43]：僧侶要不就讓自己身體的某個部分燒掉，要不就以規定的誦經者的姿勢坐在小木屋裡，然後自行點燃堆積在他四周可以燃燒起來的物料；或者，最後，終生閉關幽居。這樣的達人，在死後，即成爲僧院的偉大聖者。

總而言之，在一群官吏的管理之下、有時眞的具有重要性的中國佛敎寺院，部分而言是非理性的禁慾苦行、部分是非理性的冥思觀想之所在，但總非理性敎育的培育所。越是古老的寺院就越是完全缺乏士人階層貫穿於全中國的那種強而有力的、具有巫術意味的光環，儘管(部分說來，也因爲)寺院爲了布敎而成爲書籍印刷的主要中心地——本質上是關於敎化用的書和巫術上重要的圖版。中國人在生病或遭逢其他不幸時，轉而求救於佛敎的神明，將已故或尚存活的佛敎聖者當作救苦救難者，供奉死者的祭典也受到上流階層的尊重，並且，聖殿裡原始的求籤問卜，則在民眾的生活上扮演了不算小的角色。不過，一切僅止於此。

僧侶必須對俗人信仰作各式各樣的讓步，其中包括：安置正式的祖宗牌位，爲死去的僧侶設位祭拜。佛塔，從印度傳布到所有受印度敎影響的地方去，並且經過必要的變化而成爲寺院的形態，在中國，由於和風水說相結合，所以從佛敎的崇拜場所，轉

---

[42] 繞著一張供有禮拜對象的桌子，依訊號而加速步行，有時一旁亦有警策侍候。

[43] 個人意見支持Hackmann前引書(p. 23)的說法，反對de Groot前引書(p. 227)的見解。

變成對付空中、水中之鬼怪的驅邪手段，爲此目的，必須遵照巫師所選定的地點來興建。

　　源自於民間慣習的佛教儀式所具有的重大意義，已於前文提及。倫理的因果報應信仰，透過(較早期的)道教與佛教而深入民間，並且，毫無疑問的，更加強了人們之遵守古來的鄰人倫理和中國民間倫理所特有的恭順戒律。就此而言，正如我們先前提及的，幾乎所有一般見之於中國的眞摯、對人與動物的慈悲心、同情體諒，在某種程度上都是透過因大量翻譯而爲人所熟知的佛教聖傳典籍而產生出來的。然而，佛教對於中國人的生活態度並未贏得支配性的影響力。

三、韓國

　　在**韓國**[44]，佛教對於生活態度的影響程度，比在中國還要小。韓國的社會秩序只不過是色彩並不那麼鮮麗的中國翻版。和中國一樣，社會上也有商人行會(Pusang)和手工業者行會存在。封建制度在那兒也被士大夫階層所取代。以階段性的文士科考爲基礎來錄用和晉升官吏，也和佛教的布教之作爲馴服的手段一樣，是北京的蒙古王朝在韓國的建樹。早在蒙古人的征服之前的六世紀起，佛教即自中國傳來，然後從十世紀以來、特別是十三世紀時，達到勢力的最高峰。僧院有時成爲好戰的敎團組織之中心。因爲，佛教的僧侶階層也有和其在中國完全相同的敵對者：士人階層。

---

[44]　關於韓國，除了一般通行的文獻外，另見Chaillé-Long-Bey的旅遊記聞(*Annales du Musée Guimet*, 26)。

　　不過，士人階層在此處確實沒有如其在中國所具有的那種威望。因為他們一方面——和在中國一樣——必須和宦官相搏鬥，另一方面則必須與軍隊的"將軍"(最後是六名)相奮戰——這些人便是包辦軍隊之募集的傭兵隊長。長久以來完全不好戰的戰士地位所占有的年金收入，是人們所熱切追求的，而軍籍的隸屬則成為買賣的對象。軍隊首領擁有和君王幾乎同等的權限，並且與君王共分收入。

　　在宗教方面，職業巫師的原始巫術，特別是由婦女(Mudang, 巫女)所激烈進行的神療與驅邪術舞蹈的那種恍惚忘我的巫術，和從來只因支配者的保護而繁盛起來的佛教僧院，幾乎一點關係也沒有。無疑是由僧侶的競爭者所煽動起來的叛亂，最後終於打破了教會的勢力，並且也因此而破滅了韓國固有文化的一切萌芽。在最近的報告裡，日本政府在那兒興建大寺院的主導行動，乍看之下，似乎與日本本國內的反佛教政策互相矛盾。然而，藉著這個和平的宗教來和平地馴服被征服地的想法，恐怕和他們在本國內藉著支持古老的官方儀式來維持好戰精神的願望，扮演著同樣的角色。

四、日本

　　在**日本**[45]，和韓國一樣，一切的主智主義都是源自中國。當

---

[45] 既精通日文又有獨自見解的兩位德國作者，寫出了關於日本的精神文化和物質文化之發展的極可靠的著作：在精神文化方面是K. Florenz，物質文化方面則屬K. Rathgen。Nachod那本有用的書是根據翻譯所寫出的，主要是古代的《古事記》(由Chamberlai英譯)和《日本書記》(由

時，儒教對於日本的君子理想似乎產生了極大的影響，不過，這樣的影響當然也因為(我們後面會提到的)日本的身分結構之異質的條件而有所變化。

中國的武神為日本所接受。此外，也發現到印度教直接傳入的痕跡。然而，整體而言，日本自古以來即以中國為一切文化承受的媒介。譬如佛教於西元六世紀的第一個十年裡出現在日本[46]，是取道於韓國，後來在八世紀時即直接由中國的使節傳入，以此，本質上是中國的佛教。正如日本的整個宮廷文獻原先即受制於漢字一樣，其宗教典籍長久以來亦是如此。

至於文化的實際接受，日本也和其他地方一樣，是由政府所主導，並且是基於典型的理由。受到日人極端崇敬的聖德太子即如此實行，並且很可以確定的是要藉此來馴服和訓育子民。進一步，他還利用精通文書的佛教僧侶來服務於官職，直到十八世紀末，官職還往往為佛教僧侶所獨占。最後，為了更加豐饒日本的文化，聖德太子以自己身為日本的第一流"文士"之一，醉心於中國的文化。接下來繼承皇位的許多女皇，全都是以感情生活為訴求的、新的宗教信仰的熱烈皈依者。

關於日本的佛教和日本宗教的一般情形，我們在此只是附帶

Florenz德譯)，這兩本書對於日本的文化史而言是基本讀物，但對我們此處的獨特目的而言就不是那麼緊要。若干個別的引用會在後文裡註明出處。在法律材料方面，Otto Rudorff在 *Mitteil. der D. Ges. f. Natur-und Völkerkunde Ostasiens*, Band V (1889)的附錄中刊載了極為有名的德川幕府的法令。

[46] Florenz在"Kultur der Gegenwart"一文中有非常優美的描述。另外，很值得一讀的(也因為基於實地觀察的緣故)，是Hackmann關於宗教史的通俗作品(*Volksbüchern*, III. Reihe, 7. Heft)。

地簡短談一談，儘管論題本身是頗饒興味的。原因在於：日本人的生活樣式裡的“精神”之固有性格——亦是我們的行文脈絡之重點所在，是透過完全不同於宗教因素的其他情境所形塑出來的[47]。換言之，特別是透過政治與社會結構中的**封建的**性格。

日本的社會秩序有一段時期是以嚴格貫徹的“氏族卡理斯瑪”爲基礎，並且顯示出一種相當純粹的“氏族國家”的類型。後來，統治者——主要是爲了克服此種社會秩序之缺乏彈性的定型化——改而採取授封政治官職的方式。這樣，支配了日本中世紀的社會秩序就一直發展到近代開始爲止。

日本的封建制抑制了海外貿易(透過將輸入貿易限制在一個條約港口的方式)，並妨礙了像歐洲那樣的“市民”階層的發展。以“城市”爲自治權之擔綱者的概念，完全不存在於日本。的確，在日本有過具有村長及城市區長的大小地域團體。但是，不像中國那樣，城市既非帝王的堡壘(唯有兩個是例外)，亦非諸侯行政的典型駐在地。與中國相反，封臣諸侯的據點是否設在城市，或在鄉野堡壘，在法制上完全無關緊要。日本沒有中國式的官僚行政機器(Apparat)，也沒有從一職位轉到另一職位的士大夫階層以及科舉制度，同時一般亦欠缺家父長式的神權政治，及隨之而來的福利國家的理論。神權政治的首領(按：天皇)，在德川開府以後，終歸是隱退到京都——在敎權制組織籠罩下的幽密御所去。

直屬天皇的封臣中的第一人(primus inter pares)——“幕府將軍”(Shogun)，亦即“宮宰”(major domo)——直接控制了家門勢力的

---

[47] 除了在本文裡提及的關鍵性客觀事實之外，對於下判斷而言具有決定性作用的碑文資料，我卻無法弄到譯文。同樣遺憾的是，我手邊也沒有研究價值顯然極高的Asiatic Society of Japan的會報。

管轄區，以及封臣諸侯的行政。在采邑層級結構中[48]，明顯存在著
一道斷層，換言之，一方是一手掌握政治權力的地方諸侯：大名
(Daimyo)，和將軍一樣，他們同爲天皇的直接封臣；另一方是這些
地方諸侯(包括將軍在內)的封臣與家士，亦即：分爲許多不同等級
的武士(Samurai)，其中騎馬打仗的騎士品位較高，而徒步者單只
是個家士(徒士，Kasi)，往往只負責衙門裡的勤務。

　　只有武士擁有武裝(帶刀)權和采邑受封權，他們與農民，以及
在封建習俗下較農民身分更低的商人及手工業者，嚴格區分開
來。武士是自由人。世襲的采邑(藩)可能因"違反封建義務"
(Felonie)，或重大的失職，而被封建法庭(Lehenshof，按：日本的
閣老會議)判決沒收，或黜其封等。除此之外，爲了決定各藩所應
提供的戰士數額，采邑是以傳統所負擔的"年貢米額"(kokudaka)予
以登記，"年貢米額"也決定了采邑持有者的品位。所有這些特點
使得日本的采邑非常接近(特別是見之於印度的)典型亞細亞式軍事
俸祿制[49]。

　　不過，封臣的主要義務，在日本，除了傳統表示敬意的禮物
外，仍爲個人的忠誠義務與軍事義務。以"年貢米額"的高低來決
定品位——甚至決定是否能擠身大名之列——的做法，當然是(時
而也見於其他地方的)違反原有的氏族卡理斯瑪的立場，依此立
場，世襲的氏族身分，授與個人有權要求受封相應的官職品位，

---

[48] 參見M. Courant那本不錯的綜論性著作 *Les Clans japonais sous les Tokugava*，收於*Annales du Musée Guimet*(*Bibliothèque de Vulgarisation*, T. XV, 1904)。

[49] 事實上，除了土地采邑(封土)之外，也有單一的租金俸祿存在。後者要不是基於某個地區的收入(知行地)，就是基於支配者的倉庫(俵物)。

以及傳統上隨之而來的威權[50]。將軍的官廳(幕府)控制了大名的行政與政策[51]，或與政治有關的私人行為(例如婚姻，須先獲得同意)，而大名則控制自己封臣的上述事項。高齡封臣或被判決不適合繼續服務的封臣，必須退隱(inkyo，隱居)。繼承人則須重新受封(Investitur)，領主死亡的情況(Herrenfall)也一樣。采邑是不可轉讓的，只能做限期質押。

　　商業的獨占與某些製作奢侈品的作坊，是諸侯"莊宅"(oikos)的一部分。條約港口長崎存在著重要的行會，而職業團體則確實隨處可見，但可以發揮政治力量而值得注意的階層——亦即能推動西方式"市民的"發展的階層——則不存在。而且，由於海外貿易的規制，使得經濟上呈現高度停滯狀態，因而資本主義的動態也未得發展。政治的資本主義也幾乎完全缺乏，因為作為其存在首要條件的國家財政完全付之闕如：沒有簽約包辦國家物資調度、保證政府信用及包稅的階層。因為，軍事需要基本上是召集自行武裝的封臣與家士來充當，戰士與戰爭的經營手段也因而未曾分離。此外，德川將軍時代長期的和平，也使得理性化進行戰爭的機會無從產生。只有私人的械鬥，和中世紀歐洲同樣，非常盛行。封臣及家士的下層階級——武士與徒士——代表了日本典型的階層。極為高張的、純粹封建的榮譽概念與封臣的忠誠，形成

---

[50]　這樣的情形在德川的支配下也很明顯地呈現出來，亦即有某些特定的家族要求可變更的高等官職(家老職)。同樣的，在武士團裡，上級武士所被賦與的指揮權，亦視其年貢米的高低而定。唯有出身於武士家庭者才能進一步被授與流血禁制權(Blutbann)。

[51]　特別是將軍要求在大名底下出任重臣者(家老)直接向他負責。不過，另一方面，從下級封臣對於最高封建領主並沒有直接關係存在這點而言，倒顯示出采邑層級制的私人性格。

感情的核心，一切——至少就書本理論——都以此爲基軸來運轉。在實際上，祿米則爲物質上供養此一階級的典型方法。

在政治上沒有權利的，不止是商人與手工業者，廣大的農民層亦是如此。農民存在是爲了繳納租稅給領主，因此，至少部分而言，形成了與納稅義務相關連的割地更新的原則。村落嚴格排斥外人，這是因爲在日本，束縛於農地的義務與要求農地的權利是相呼應的。"喝水者"(midzunomi)此一名詞指的是無權要求農地——因此也無村落權利——的外地人。連帶責任組織(gonungumi，五人組，每五個氏族爲一組)普遍貫徹。村長所擁有尊貴的地位是依氏族卡理斯瑪世襲而來。村長之上爲代官(daikwan)，是被授予封建司法權的武士。

遇有重要問題，各諸侯召集手下所有封臣集會。當前一世紀(十九世紀)60年代的重大危機之際，就是這種在某些侯國(按：當時的西南大藩)舉行的武士集會，決定了轉化爲現代化軍隊制度、以及導致將軍制度崩潰的政策方向。維新以後的過程，逐漸地導致在行政管理上——不只在軍隊，亦且在政府——由官僚制來取代封建采邑制，並取消采邑權。這使得廣大的武士階級轉變成小規模年金收入的中產階級，一部分甚至變成無產者。從前封建時代高昂的榮譽觀念，已經由於前此的祿米俸祿制的影響而趨衰歇，漸漸接近了坐食者(Rentner)[52]的心態。但是，仍然未能以此爲出發點，自主的建立出一種市民的企業倫理。明治維新後，歐洲

---

[52] "坐食者"一字來自Rente，其意爲所有定期收入的總稱，不管是地租、股票利息、資本利息或其他任何收入。不過如薪俸等需要靠實際勞動才能取得的收入，不得稱爲Rente。所謂"坐食者"(Rentner)即指依靠此種收入生活的人，因此接近"不勞而獲者"之意。——譯註

的商人常抱怨日本商人"低下的商業道德"，與中國的大商人大相逕庭。只要商業道德仍是以此(低下的)情況存在，此一事實，若從普遍將商業視爲一種互相欺騙的形式，亦即對商業一般的、封建的評價，如同俾斯麥的名言：我們現在讓誰上鉤？(Qui trompe-t-on？)，倒是很容易理解的。

　　日本在封建時代的情況，與戰國時期的中國封建時代最爲接近。而中國與日本的不同，主要在下列各點：日本社會中最重要的階層，不是非軍事性的士人階層，而是職業的戰士階層；規範人們實際生活情境的，不是中國那樣的考試等第以及文化教育，而是西洋中世紀的騎士律與騎士教育，既非古代西方的現世內的教化，亦非印度的救贖哲學。

　　在一個民族中，如果像武士這種階層在扮演決定性的角色時，此一民族——即使將其他一切情況(特別是閉關自守的態度)置之不論——是不可能靠自己的力量達到理性的經濟倫理的。儘管如此，封建的關係下那種可取消的、但又是有固定契約的法制關係，對培養西方所謂的"個人主義"，卻提供了比中國的神權政治更爲有利的基礎。日本雖未能從自己的精神中創造出資本主義，但是比較容易將資本主義視爲一種人工製品，而從外部接受進來。同樣的，日本也不可能自行產生出印度那種神秘的主智主義的救世論和導師支配。封建武士的身分高傲，必然是會激烈抵抗這種對於聖職者的絕對服從。情形也確實如此。

　　直到開始接受佛教的時代爲止，在日本，支配性的宗教信仰不過是功能神的崇拜以及陽具崇拜——儘管裝模作樣的近代理性主義現今小心翼翼地要抹去這樣的痕跡；除此，尚有護身符及類似的巫術性驅邪術和同類療法的法術，以及作爲宗教意識之主要構成要素的祖靈崇拜——自己的祖先和那些神格化的英雄。這些都是貴族感覺對自己生活負有責任的勢力。

官方崇拜的類型，徹頭徹尾是騎士階層的貴族儀式主義：經文的誦讀和食物的供奉是其基本要素。狂迷與忘我之道，無疑的已被騎士階層的身分莊嚴感所泯除，而儀式性的舞蹈也只留下了些許痕跡。會被排除於崇拜的參加行列之外者(正如被排除於樂園秘儀[53]之外的情形)，倒不是因為倫理性的"罪"，而是因為儀式上的不淨——除了身體殘障之外，還包括因殺人罪和近親相姦所引發的不淨。因此，各式各樣對於潔淨的極為嚴峻的規定取代了其所欠缺的宗教"倫理"。此處並不存在任何一種彼岸的報應：死者，一如希臘人所想的那樣，是居住於冥府。身為太陽神之後裔的天皇，和中國的皇帝一樣，是最高祭司長。神判和神諭對於政治決策所發揮的功能，一如其於世界各處一樣。

至今，群神之中仍是以被神格化的英雄和善行者占大多數。

---

[53]　eleusinische Mysterien(Elysian mysteries)是希臘的極樂天堂信仰中所舉行的秘密儀式。

eleusinische Mysterien為穀神祭典，在雅典西北方的Eleusis市為了祭五穀之神Demeter而舉行的神祕儀式。Eleusis市有Demeter最大的神殿，祭典即在此舉行。我們所知關於儀式的部份過程如下：春季在雅典附近舉行準備，所有想要成為信徒的人先自行到Eleusis市的河中潔淨；到了九月，這些信徒即沿著通往Eleusis市的聖路走14哩的朝聖旅程，行列前面舉著地下神Iacchus的肖像。朝聖者到了Eleusis市後，即將神像置於神殿中，第一日即在神聖的歌舞中結束。更大的神祕儀式要再持續四天，參加的人要飲用一種穀粉與水的混合物，並進聖餅。然而除此之外，我們即一無所知，因為祭典只限信奉者參加，凡是洩露秘密者一律處死，所以信徒都守口如瓶。推測大概是一種混雜了再生與復活、以及追求與神合一等等感覺的神祕儀式。——譯註

無數素樸的神社中的祭司職，多半是(至今仍是)由分爲八個位階的國家"神官"的氏族所世襲。被確證的神祇，也和中國一樣，是被授與位階的，而神社的位格也同樣清楚明確[54]。除了官方的神社崇拜之外，也有家裡的私人崇拜。崇拜自家祖靈的古老形式，後來幾乎全都被佛教的死者祭拜所取代。此處，和其他各處一樣，佛教於其彼世報應和救贖的教義裡，自有一番天地；另一方面，與此一外來教義正對反的、被稱爲"神道"的古老宗教信仰，則使得所有的崇拜，包括祖靈崇拜在內，全都被利用來祈求一己此世的利益。

在皇室的庇護下，佛教原先是作爲一種士人階層的貴族的救世論而傳入日本。大乘佛教也趁此以形成學派和宗派的方式[55]，很快地開展其自有的種種可能性。正相對反於(日本原有的)本質上爲泛靈論的、巫術的崇拜，亦即：沒有一丁點直接的倫理要求的一切崇拜，大乘佛教所帶來的是相應於其本質的一種——相對而言——理性的、宗教的生活規制，以及現世外的救贖目標與救贖之道，還有感情內容的豐裕。在日本，超越封建的榮譽觀的一切動力與感情生活的昇華，毫無疑問的全屬大乘佛教的功勞。在此，

---

[54] 日本的神社在歷史上有多次的整頓，明治維新以後的制度大致如下：1. 官幣社，國家皇室尊崇之神社，經費由皇室供應，分爲官幣大社、官幣中社、官幣小社、別格官幣社四種。2.國幣社，亦爲國家尊崇之社，經費由國庫供應，分爲國幣大社、國幣中社、國幣小社。3.府縣社，地方神社中位階最高者，三府(大阪、京都、江戶)尊崇之社爲府社，各縣爲縣社，由府縣供應。4.鄉社，郡市崇敬之社，一區一社，由郡市供應。5.村社，市村崇敬之社，由市村町供應。大體而言，官幣社是由天皇親祭，其他則由相關官吏負責。——譯註

[55] 參見 Haas, *Zeitschrift für Missionskunde und Religionswissenschaft*, 1905.

大乘佛教亦保持著印度主智主義的救世論之冷靜的平和化。換言之，此種救世論顯然是將儒教有關"品行"與"禮節"的戒律——在日本，此種戒律又整個被逆轉成封建的態度——加以熔化成一種注重姿態之莊重與距離之禮貌性維持的君子理想；面對歐洲人的率直粗魯或多情善感的蜜意貼合，有教養的日本人經常自覺爲此種君子理想的代表人。至於在細節上佛教參與此種轉化的分量到底有多大，或許只有專家的分析才能夠置喙。儘管多半的宗派都由中國傳入，日本的佛教仍然顯示出自己獨特的發展方向。

佛教教派(宗)的數目，一般都只嘗試著算出個大概的數據[56]，此處我們所關注的不過是其中幾個。在至今仍存在的大宗派當中，眞言宗是最古老的(建立於西元九世紀)。在這個宗派裡，祈禱文(印度教的曼陀羅)同時是巫術性的咒文，也是帶有密教意味的、與神合一的神秘手段[57]。淨土宗[58](建立於十二世紀末)，依照中國

---

[56] 通常都是舉出十個宗派，不過其中有的是經常替換著的小宗派。

[57] 《金剛般若經》(*Vagrakhedika*)通常亦被算作是此派的經典(*S. B. of the East*, Vol., 49)。"Dharma"和"Samgnas"是論證上的關鍵字；前者在此意指形相(eidos, Form)、個性，後者則是"名相"，亦即"概念"的表達。沒有所謂"狗"，而只有"這隻"狗。因此，概念只是抽象，事物不過是名相，而一切終歸是假象。唯有靈魂具有實在性，唯有菩薩魂知道實相。然而，經驗性存在所處的假象世界裡，語言亦因此而具有巫術性的力量。

[58] 此派的經典包括《大無量壽經》和《阿彌陀經》(S. B. fo the East, Vol., 49)。西方淨土被描繪得五光十色。不過，絕對的前提是"信仰"。根據《大無量壽經》(第41章)，有疑心者不得往生淨土，若有疑心，即使是菩薩本身(!)也會妨害其救贖。《阿彌陀經》(第十章)則明白拒斥作爲救贖之道的雜行雜修。臨終之際，唯有日夜虔心稱念阿彌陀佛直至最後一口氣，方能確證救贖。

大乘佛敎的方式，許諾西方淨土(Sukhāvati，極樂)，並且爲此而推薦如下的方法：充滿熱切信心地依照一定的形式稱請阿彌陀佛。阿彌陀佛是全東亞地區最受歡迎的佛陀弟子，在日本是五個最高神(五佛)之一。比這兩個宗派更重要的是比淨土宗稍晚創立的禪宗與眞宗。

禪宗，包含三個各自獨立的分派[59]，特別是以具有神秘意義的修行爲訓練指標，相反的，眞言宗所意指的是自外於所有這些達人行徑的一種祈禱的一信仰的宗教意識。禪宗的宗教訓練最接近於佛敎的刹帝利宗教意識之古代印度敎的類型。與此相應的，禪宗的各派在日本的佛敎當中，長期以來一直保持著甚受武士階級喜愛的貴族形態，也因此特別盛行於寺院。和原始佛敎一樣，禪宗拒斥一切聖典知識，並且將關鍵性要點放在精神的修練和完全漠視外在世界的體驗，特別是對自己肉體的漠視。對禪宗僧侶而言，此種訓練意味著：藉冥思性的與神合一而自世界解脫。俗人，特別是職業武士，則珍視此種訓練爲鍛鍊和堅定一己之使命的手段。有些日本人士也認爲，此種宗派修練可以助長一種輕視生命的氣氛，對於日本人在軍事上的可利用性可謂貢獻良多且鉅大[60]。

和禪宗形成強烈對比的，創立於十三世紀初的眞宗，至少是以如下的特色而得以與西方的基督新敎相比擬，亦即：拒斥一切的善業往生(Werkheiligkeit)，而唯以虔敬地信仰阿彌陀佛爲意義所在。在這一點上，眞宗與——我們很快就要討論到的、自克里什

---

[59] 即曹洞禪、臨濟禪與黃檗禪。——譯註

[60] 在織田信長的迫害之後，將佛敎復興的保護者，亦即眾所週知的將軍德川家康，在根本上似乎是很重視其家臣武士對於佛敎極樂世界之爲英雄之天堂的期待。

那崇拜中生長出來的——印度的性力宗教信仰相類似，但與之不同的，是其拒斥任何狂迷—恍惚的要素，此乃從古印度教的主智主義的救世論所衍生出來的一切宗教意識的特點。阿彌陀佛是救苦救難者，信仰阿彌陀佛是唯一能得救贖的內在態度。因此，真宗不止排除僧侶獨身，並且也是唯一一般性地拒斥出家修道的佛教宗派。佛僧(busso，被葡萄牙人訛轉為"Bonze")是娶妻的僧侶，只有在公事時才穿著特殊服裝(僧衣)，此外，其生活樣式與俗人的生活樣式並無兩樣。

僧侶娶妻，在其他的佛教宗派看來，不管是日本之內或日本之外，都是戒律之墮落的產物，然而，在真宗，這起初或許是個自覺的現象。佈道、教育、說教與民間讀物，在許多方面都是以類似西方的路德派的方式發展，並且，在"市民的"圈子裡擁有極多信徒的這個宗派，是屬於最為樂於接受西方文化要素的那個階層。然而，這個宗派和路德派一樣未能發展出理性的現世內禁慾，並且是基於同樣的理由。真宗是相應於中產階級的情緒性感情需求與中產階級受封建束縛的救世論的一種救世主宗教，然而，並不接受古印度教的民間虔敬意識之狂迷—恍惚與巫術性的傾向，也不接受後期印度教的虔敬意識或西方的虔敬派的那種強烈的感情狂熱。此種節制，似乎多半是出於"情緒"，而不是我們所謂的"感情"，畢竟，它是貴族僧侶的產物。

最後，創立於十三世紀中葉的日蓮宗，是僧侶的反宗教改革運動。他們呼籲回歸佛陀本尊瞿曇(Gautama)，視其為遍在於全世界的、開悟的神秘力量，並極力拒斥阿彌陀佛為假偶像。日蓮宗試圖建立典型的大乘連結，亦即連繫起僧侶的冥思性神秘主義，與俗人的祈禱式咒術和儀式性的善業往生("方便")。

　　俗人的虔敬行爲之僅限於(部分而言)極高的非理性和一時性，是和任何以理性的生活方法論爲目標的教化距離相當遙遠的。此種限制，除了眞宗外，本爲大多數宗派所固有的。事實上，佛教的這些形態，在俗人那兒，只造成了一種漠視現世的氣氛、一種對於無常(包括生命本身在內的世間)之空無的信念，除此，不過是散播了報應(因果，大抵與"業"相應)的教說和作爲逃脫報應之手段的儀式性巫術。

　　僧院的外在組織起初與其他布教地區並無二致。但是，由於各個宗派處於個別的封建領主和貴族黨派的保護之下，並被加以政治上的利用，而致彼此反目，再加上國內徹底的封建性格(尤其當僧侶，至少僧院的方丈，是由貴族階層來充任的情況下)，導致各宗派間的競爭相當激烈。這種激烈的競爭在在使得日本的僧侶共同體帶有信仰戰士—僧侶騎士團(按：僧兵)之武士共同體的性格。他們同時也爲確保自己在民間裡的權力地位而戰。

　　十一世紀時，第一支訓練有素的僧兵軍隊在某位方丈(按：根據傳說，是十世紀末的天台座主良源)的手上創立，爾後亦爲他人所傚效。十四世紀時，此一發展達到頂峰。除了某些禪宗的支派外，僧院全體都被武裝化，而寺院也同樣多半是實行世襲性的俸祿制，僧侶獨身制就此崩壞。征夷大將軍織田信長重新樹立政治威權，而對戰鬥教團的這種勢力加以限制[61]。前所未有的屠戮，永

---

[61] 這裡指的是西元1571年織田信長攻滅比叡山僧院一事。比叡山爲日本七大高山之一，在近江國滋賀郡，爲日本天台宗大本山，寺僧武力強大，與高野山並稱日本佛教兩大叢林。1571年，由於寺僧協助朝倉義景反抗織田信長，遭到信長的攻擊，寺院被毀，僧侶全被屠殺。——譯註

永遠遠地打破了佛教教團的政治—軍事權勢，並且，爲此目的，
勝利者毫不遲疑地援引基督教的助力，尤其是耶穌會傳教士的援
助。基督教的傳教自1549年起，亦即聖方濟・沙勿略(Franz Xavier)
爲之打下基礎後，獲得了不小的成果[62]。

　　德川將軍建立幕府後，爲此劃下休止符。誰也不願意佛教的
的教權主義被外來的教士支配所取代，以此，德川將軍一族的成
員個人一直是(直到最近都是)佛教、尤其是儀式主義的淨土宗的信
奉者。1614年的宗教敕令和隨之而來的基督教徒迫害，終止了基
督教在日本的傳教活動。日本的教權主義也跟著普遍地崩潰。佛
教本山再度重建，並且開始有系統地被組織起來。然而，這全都
在國家的掌控之下。就像(西方)古代末期，唯有向皇帝供奉犧牲，
方能證明自己並非基督徒，在德川幕府治下，則唯有登記在某個
日本寺院名下，方能證明。自德川家光以來，任何僧侶除非通過
中國式的科舉考試，否則不得出任官職。若要成爲布教僧或出任
寺院住持，則按照佛教的年功序列(法臘)原則[63]，必得在寺院裡度
過一定長時期的僧侶生活才行。本末關係的原理支配著位階秩序
和寺院的層級制權利及其領導者。國家爲僧侶制定了嚴格的紀

---

[62] Franz Xavier(1506-1552)，西班牙人，天主教耶穌會創始會士之一(1534
　　年)，1540年前往印度傳教，極爲成功，爲基督教正式傳入印度之始。
　　隨後前往馬來亞、日本等地傳教。1552年決意由印度前往中國傳教，
　　在等待中國政府入境許可時，死於沿海的山川島。他可說是基督教東
　　傳運動的先驅者，1622年羅馬教廷封爲聖徒。——譯註

[63] 指僧侶受具足戒後夏安居之年數。叢林中，每年四月十六日起至七月
　　十五日舉行夏安居，並以夏安居之最末一日爲一年之終，即受歲日；
　　自十六日起則爲新歲，故比丘、比丘尼受戒後，於每年夏安居結束
　　時，即增一法歲。——譯註

律，亦即：獨身與素食——雖然不能行之久遠。佛教僧院與寺院的數目確實有了驚人的增長，但是僧侶的社會勢力卻往下掉落。僧職的買賣似乎相當盛行。

至於民間的宗教信仰，則類似於一般亞洲的以及古代的狀態，因爲神道教、儒教、道教與佛教的眾神和救苦救難者，無不依其功能或按時機而被祈請。神道教與佛教在形式上的結合，是在皇室的保護下進行的。雖然這事兒本身頗有點意思，但對我們的行文脈絡而言卻不具根本重要性。貴族階層多半是轉向儒教倫理。這有其社會因素。佛教僧侶制在數世紀的過程中經歷了強烈的內在轉化，因爲僧侶的的遞補愈來愈民主化(或許是基於宗派間布教競爭的壓力)，並且在國家的迫害和統制下，和中國的情形一樣，他們主要是來自於無學識的下階層。

一般而言，這些僧侶在僧院學校裡所學習的，不過是儀式典禮的實際經營所必需之事[64]。以此，僧侶連同佛教一般的威望，在社會上極度地滑落，而這確實也是——除了政治上的理由之外——王政復古之際進行"排佛毀釋"(1868)以及神道教作爲國教之系統性復興的一個原因。不過，關鍵性的因素自然是在於：相對於佛教，神道教一旦被視爲"國家的"崇拜形式，那麼天皇的正當性也就受到了保證。皇統之爲太陽神後裔的事實，以及天皇之超人的稟賦，這是即使日本成爲立憲國家後都不變的根本前提：至少真正的日本人是不會懷疑的，或者即使有所懷疑，無論如何也不許公然表明。

如我們已注意到的，儒教在貴族階層裡有許多的信徒，然

---

[64] 反之，在《觀無量壽經》(第27章)和例如在日本被廣爲讀誦的《金剛般若經》("金剛能斷"，亦即真言宗的經典)裡，卻說到專心一意於救贖的"良家子"。

而，儒教卻無法如同其在中國那樣扮演起正當化皇朝的角色，因為，對儒教而言，中國的皇帝不但是俗世的君王，同時也是(宗教上的)最高祭司長。在日本，儒教也不像在中國那樣有個學院式地組織起來的階層的支持：在中國，這是個透過科舉制度，更重要的是透過國家官職的俸祿化，而在政治上與經濟上牢牢組織起來的、利害關係一致的階層。在日本，儒教不過是個別圈子裡的一種學術嗜好。

另一方面，佛教在此亦欠缺它那種(和印度教諸宗派一樣)見之於亞洲其他各處的、極為強大的支持，亦即：作為巫術性救苦救難者的卡理斯瑪導師。此種制度的發展，無疑的是因為政治上的理由而受到日本政府——如同中國政府——的打壓，一般而言，並未超出相對上微弱的萌芽狀態。因此，在日本，並沒有像中國的士人或印度地區的宗派導師那樣的一個享有巫術的—救世論的救贖者之威望的階層存在。

以此，在外來威脅感的壓力之下，軍事上與行政技術上的革命推翻了封建的軍事組織與官職組織。若純就政治觀點而言，此一革命是在絕佳狀況下進行的，換言之，是在宗教的傳統主義之白紙狀態(tabula rasa)下進行，或者，至少沒有遭遇到任何根植於巫術或救世論的、宗教的傳統主義勢力，此種勢力，很可能對革命在經濟的生活樣式的領域裡、所企圖做到的事橫生阻礙。

五、亞洲內陸：喇嘛教

從北印度向北方傳播的佛教，產生出迥然相異於中南半島及東亞布教地區的形態來。在其發祥地鄰近的**尼泊爾**[65]地區，佛教確實也同樣經歷了典型的俸祿化的洗禮，同時，還受到怛特羅派的巫術及其血祭的滲透。此外，它還必須與濕婆教徒的印度教宣傳活動相互競爭，並且，也以北印度的大乘佛教的方式，和印度教的種姓體制相融合。

在當地居民的三個主要階級當中，邦哈爾(Banhar，祭司)和烏達斯(Udas，手工業者)被視爲正統派，其他的居民則爲異端，因爲他們是怛特羅派信徒。邦哈爾住在僧院裡，但並不獨身，俸祿是世襲的。他們當中的最高一級是稱爲Gubhaju的祭司，唯有通過考試而獲得僧職授任者，才能晉升到這個位子。凡未得僧職授任者，則單純只是個"比丘"，除了在特定的祭典上擔任俗人的助祭者外，就是從事手工業的行當，特別是金匠。另外，還有總共七個古來一直是屬於第一級職業的部門，諸如：銀匠、木匠、鑄工、銅匠、鐵匠等(顯然是古代的王室手工業者)。而獲得授任僧職的僧侶則於四天作爲導師的授任式之後，被豁免其誓約。烏達斯階級下面劃分爲七個階級，其中最高一級是商人，其餘爲手工業者。邦哈爾是不和烏達斯通婚或同桌共食的，並且也不從烏達斯階級的手工業者手中接水。

下階層的民眾則視情況而定祈請佛教或婆羅門的教士來當他們的救苦救難聖人。佛陀和濕婆及毘濕奴被三位一體地結合在一起。同時，所有的印度教神祇皆被召請，古老的蛇神崇拜依然存在。中國朝聖僧的早期報告中記載著佛教在此地的後續發展，亦即：隨著和種姓組織的接觸以及俸祿化的過程，佛教的本質可謂

---

[65] 關於尼泊爾，參見1901年的孟加拉的《普查報告》。

喪失殆盡。越過尼泊爾來到中央亞細亞——極早即有商業關係存在的地方，尤其是**西藏**，情形又迥然不同。

　　和尼泊爾(的佛教)之缺乏組織形成尖銳對比的，在西藏，有個以喇嘛僧爲宗教之擔綱者的統一的階級制存在，此即通常被視爲另一種宗教體系的**喇嘛教**[66]。印度教的僧侶，當然還有佛教的遊方僧，必然很早就以救苦救難者的姿態來到亞洲內陸和北亞：巫術一恍惚的驅邪者被巫術性地稱呼爲"薩滿"(shaman)，此乃梵文"沙門"(śrāmana, 巴利文samana)之東土耳其斯坦的訛轉。佛教在此地眞正的布教，大約開始於西元七世紀，至八世紀時正式確立。也不例外的，君王爲了行政上的利益考量(引進文書技術)和馴服子民，而從鄰近的印度地區(此處是鄰近喀什米爾的烏場國)迎請一位聖者來當導師[67]。這位布教師是個純粹怛特羅派的(巫術的)大乘系統的代表者：鍊金術、魔藥以及其他大乘所見的經咒—魔術，似乎都隨著他而進入西藏。在他之後的布教，已無需再面對先前那種各競爭宗派不斷反擊與攻詰的局面，並且，大乘佛教一時之間

---

[66] 關於喇嘛教，Köppen的著作*Religion des Buddha*(Berlin, 1857-8, 2. Band)一直都是很值得一讀的。當今最爲權威的學者是Grünwedel(見其刊登於*Kultur der Gegenwart*, I, 3, i的論述，以及下文中所引用的作品)。此外，俄文的資料亦是基本的，但我未能利用到。

[67] 這位官方稱之爲"蓮華生"(梵文Padma-sambhava, 藏文Padma-hbyun-gnas)的"偉大教師"，未知其生平如何。

蓮華生，西藏紅教之始祖，八世紀左右北印度烏場國人。初住那爛陀寺，博通大小乘。西元747年，應西藏君主克梨雙提贊之請入藏布教。王爲之於拉薩東南方創建桑耶寺，師遂宣傳瑜伽秘密法門，翻譯經咒，又現種種神通變化，驅除妖魔鬼怪，爲藏人所尊崇。師所傳之教，後以相對於宗喀巴之黃教，稱爲紅教，即無上秘密乘，以大喜樂禪定之瑜伽觀法爲最上法，西藏特有之喇嘛教因之大成。——譯註

在東波斯和土耳其斯坦的一大部分地區也都獲得優勢，直到西方
蒙古諸汗的回教反動爲止，這樣的布教才再度被滅絕。然而，另
一方面，“喇嘛教”的擔綱者——西藏的神聖教會之建立，倒是要
感謝蒙古的世界帝國。

“喇嘛”，意即“高人”、“聖者”，原先是用來稱呼僧院的院長(堪
布)，後來，則是禮貌性地用來稱呼所有被正式授與僧職的僧侶[68]。
起初，佛教僧院的創設完全是按照一般的方法。但是，在西藏地
區，由於較大的政治組織再度分裂——相應於其土地之牧草地的
性格——成小部族領主制，所以某些僧院院長的權勢地位藉此增
長起來；如同西方在大遷徙時代的主教一樣，此地的僧院院長手
中掌握了唯一的、以理性方式組織起來的權力。因此，僧院院長
的教育，同時是宗教的，也是世俗的[69]。

僧院長久以來即純粹爲俸祿所在之處，“僧侶”娶妻生子，因而
成爲一世襲的種姓。在西藏，和印度一樣，某些僧院裡，尤其是
喜馬拉雅山最頂峰附近的薩迦寺(Sa-skya)裡，院長的地位本身即是
世襲性卡理斯瑪的[70]。薩迦寺的喇嘛首先於十二世紀時與成吉思汗

---

[68] 原爲西藏佛教中主持授戒者之稱號，其後舉凡深通經典之喇嘛，而爲
寺院或扎倉(藏僧學習經典之學校)之主持者，皆稱堪布。又爲西藏地方
政府僧官系統之職稱，如達賴、班禪之高級侍從，亦稱堪布，“基巧堪
布”即管理布達拉宮宮廷事務之僧官。——譯註

[69] Grünwedel, *Mythologie des Buddhismus in Tibet und der Mongolei*(Leipzig,
1900)。這是根據Uchtomski侯爵關於喇嘛教的史料集成所寫的入門書。
此書是最佳的喇嘛教發展史，在此我們普遍使用。

[70] 薩迦寺位於西藏日喀則西南，爲喇嘛舊教(紅教)之大寺院。該地爲白色
土壤(藏文sadkar)，故名薩迦。西元1073年，此寺由始祖衮曲爵保(1034-
1102)所建，爾後遂有薩迦派之稱。薩迦派爲紅教喇嘛最具代表性之一
派，因受阿提沙思想影響，故怛特羅色彩極爲濃厚，主張娶妻生子以

的王朝建立起關係,並於十三世紀成功地令蒙古皇帝——亦即中國的征服者——忽必烈改宗,且成爲教會之世俗的保護者(cakra-vartirājan, 轉輪聖王)。再次地,爲蒙古人建立文書體系的需求,亦即政治行政上的利害考量,顯然是關鍵所在。

除此,還有另一層考量:爲了馴服難以統治的亞洲內陸人民。爲此目的(並且也因爲他們是文書技術的擔綱者,故而對行政是不可或缺的),薩迦寺的喇嘛被賦與神權政治的權力。前此完全是以戰鬥和掠奪過活的蒙古部族的此種馴服,事實上是成功的,並且在世界史上有其重要的結果。因爲,蒙古人之開始改宗喇嘛教的佛教,爲草原民族前此不斷東突西進的軍事行動設定了一個目標,且使之和平化,並藉此而永久地熄滅了所有"民族遷徙"——最後一次是帖木耳(Timur)於十四世紀的進軍——的古老根源[71]。

延法嗣。歷代學僧輩出,初祖曾孫文殊薩迦班禪(1182-1251)在忽必烈時,被招請爲帝師與灌頂阿闍梨,此爲喇嘛教普及蒙古之始。其姪八思巴(1239-1280)亦受元朝招請,爲蒙古人創製八思巴文字。1270年,八思巴返藏,忽必烈授予全藏之政權,故自1270至1345年間,薩迦寺成爲西藏政教之中心。宗喀巴新教興起後,薩迦寺地位遂日漸衰微,然而仍爲舊教本山。——譯註

[71] 帖木耳,蒙古人(十四世紀末),元朝滅亡後崛起於中亞,曾建立一個強大的游牧帝國,極盛時期領土遠至小亞細亞、並曾控制部份北印度地區。關於喇嘛教對蒙古人產生和平化的影響,Owen Lattimore表示斷然的反對,參見氏著, *Inner Asian Frontiers of China*, (New York, 1940), pp. 86f.佛教於西元七世紀傳入西藏,然而在喇嘛教會建立起自己的主權之前,起先是被用作世俗君主的工具。雖然蒙古偉大的征服者忽必烈汗(十三世紀)喜好喇嘛教,但在明朝建立之後,喇嘛教在蒙古即告消失。到了十六世紀,喇嘛教再度被阿爾泰汗採用爲世俗統治的整合工具。後來滿清皇朝又給蒙古的教會與國家之間帶來一種僵持狀態,然而西藏的教會卻在與滿人利益相結合的條件下保全了主權(Lattimore, pp.

隨著十四世紀蒙古支配在中國的瓦解，西藏喇嘛的神權政治亦告
衰微。漢民族所建立的明朝對於讓唯一的一個僧院擁有全部的支
配權一事頗有疑慮，而令許多卡理斯瑪的喇嘛彼此徹底反目成
仇。一個僧院間血腥敵對的時代就此揭開序幕，巫術性的大乘佛
教的狂迷—忘我的(性力，Sakti)那一面又再次凸顯於檯面上，一直
到新的先知，亦爲喇嘛教最高的聖者宗喀巴出現，開始進行大規
模的教會改革運動爲止[72]。宗喀巴在取得中國皇帝的諒解下，重建
僧院的紀律，並且於宗教問答裡支持薩迦寺的喇嘛。自此之後，
以黃色的帽子爲標記、因而通常被稱爲"黃教"的"德行派"(Dge-
lugs-pa)確立了最高權位。

就紀律方面而言，新的教說意味著獨身制的樹立和怛特羅派
狂迷的巫術之受到貶斥——禁止德行派的僧侶施行此種巫術。根
據協定，此種巫術則聽任戴著紅色帽子的、古老教說之信奉者的
一派施行——就像儒教之容忍道教一樣，紅帽派被容忍爲層級較
低的僧侶。此時，重點已從僧侶在冥思和祈禱文上的虔敬心轉移
到透過辯論而履行的說法與布教活動。爲此，僧侶在僧院學校中
即接受此種培養，從而成爲僧院裡學術研究之新覺醒的泉源。

然而，對於喇嘛教特色獨具的僧院組織之層級制而言，重要的
是：將普遍見於印度教，特別是見於大乘佛教的化身教義的某種特
殊形式(以喇嘛教對此教義之見解的方式)，和黃教具有一定聲名的

216-221)。因此，喇嘛—佛教似乎(至少在韋伯的理論裡)顯現爲一種尋
求外力支援或成爲外力之工具的教權制。——譯註

[72] 西藏名Tson-kha-pa(1417-1478)，法名羅桑札巴(Lozan-tak-pa)。十四、五
世紀時西藏佛教改革者，喇嘛黃教始祖。現今西藏達賴喇嘛、班禪喇
嘛之傳承系統，即源自其弟子根敦珠巴、凱珠二人。——譯註

僧院的卡理斯瑪相結合。此項要務完成於宗喀巴之後的世代，因爲僧院院長的世襲性，必得由另一種指定繼承者的方式來取代才行。

　　不過，這也只是普遍妥當的思考方式當中的一個特例。喇嘛教的化身教說的本質和意義，本身是單純的[73]。和所有原始佛教哲學極端對反的，此一教說的前提是：一位聖者的卡理斯瑪資質，於再生之際，會**更爲增強地**轉化到另一個同樣的擔綱者身上。因此，這也不過是下面這種說法的最後歸結：在有關佛陀之本質的大乘理論裡，佛陀在其最後第二次的菩薩生涯之前的所有過去生涯，被認爲是其神聖性不斷上升而至最後(佛陀)生涯的前階段罷了。我們先前提過，大乘佛教的救贖階段說，在其中，神聖性的程度，一般而言，是由聖者在證得阿羅漢果之前還必須死幾次的數目來決定。這不過是從佛陀轉生的理論所得來的結果。如今，再首尾一貫地衍繹下去就成爲：任何一個在生前享有苦行者、咒術師、教師之聲名與人望的喇嘛，在死後即再生爲"活佛"[74]，並且

----

[73] 以下所述大體上是根據Posdnjejew, *Otscherki byta buddijstkich monastyriei budijstkawo duchowenstwaw Mongolii*(我沒能採用到此書，但其關鍵處已見於Grünwedel前引書許多翻譯出來的引文裡)。

[74] 蒙古文khutuktu(呼圖克圖)即"活佛"之意。西藏喇嘛舊教(紅教)准許娶妻，故以生子爲法位繼承者，自宗喀巴創立黃教之後，乃改爲獨身之規定，故於法位繼承過程中，產生重大之轉變，此即"喇嘛之轉生"。宗喀巴之徒達賴喇嘛一世根敦珠巴在西元1475年圓寂後，一般人相信他轉生爲根敦嘉穆錯，此即活佛轉生之初例。未幾，班禪喇嘛亦承襲此一制度，因此而形成喇嘛教高級地位之繼承辦法。此種現世活佛化身之思想，遂使各地出現大小活佛，以致於各宗派勢力互相抗衡。爲了維護教團之發展，以後高僧在圓寂前，便會預告下一代轉生之方向。其弟子即就其所指定的地點尋出一年之內所出生之兒童，經正式測驗之後，推舉爲繼承者，此即khubilgan(呼畢勒罕，藏語爲sprulsku，化

爲人們所探尋，而且可以找到那樣一個小孩來加以養育。不過，
原初的聖者的每一次繼起的活佛轉生，通常都會具有更高的神聖
性威望。因此，另一方面，人們就要往前追溯，到底是誰的再
生，亦即，原初的卡理斯瑪擔綱者到底是誰：往往都是原始佛教
時代的一個布教師、咒術師或智者。任何一位活佛也都因爲巫術
性卡理斯瑪的緣故而成爲救苦救難者。一個僧院若有個著名的活
佛住在圍牆裡，或者甚至能夠集合到更多的活佛，那麼便能確保
巨額的收入。因此，喇嘛總是四出尋狩以便發現新的活佛。此種
神聖性的理論，如今也成爲喇嘛教的層級制的基礎。

　　具有高度卡理斯瑪資質的僧院院長是偉大菩薩的化身，他在
其前任化身擔綱者死後的七七四十九天重新轉生爲一個小孩。因
此，要發現他就必然有賴於一定的神諭和徵兆——類似於尋找阿
庇斯聖牛的方式[75]。此種最高的兩大化身，一是現今最大的喇嘛僧

身），即"自在轉生"、或"再來人"之意，源自輪迴受生與佛陀三身之信
仰。經由呼畢勒罕轉生方式而接替其前生所遺職位之職稱，稱爲"呼圖
克圖"，即"明心見性、生死自主"之意。然而一般而言，呼圖克圖乃受
政府冊封的一種行政上的職稱，呼畢勒罕則爲轉生而仍不昧本性之修
行者，故凡是呼圖克圖必爲呼畢勒罕，而成爲呼畢勒罕之行者則未必
皆受冊封爲呼圖克圖。今日，在西藏、蒙古、甘肅、青海、西康等
地，駐京之活佛計有一百六十人。西藏之達賴喇嘛、班禪喇嘛、外蒙
古之哲布尊丹巴呼圖克圖以及漠南蒙古之章嘉，均爲歷史上著名之活
佛。——譯註

[75] 阿庇斯聖牛(bull of Apis)在古埃及——特別是孟斐斯(Memphis)——被視
爲歐希里斯(Osiris)的化身。這種牡牛必須是黑色；前額有一三角形的
白斑，在右側有一弦月形的白斑，舌下還有一腫瘤。發現這樣的黑牡
牛後，首先在朝東建築的屋中養四個月，然後趁新月之日運到
Heliopolis，養四十天再送到孟斐斯神殿，奉之爲神。活到25歲時即殺
掉，屍體經防腐後後埋葬，然後再重新尋找新的黑牡牛，其間往往需

院，拉薩的布達拉宮的首長，亦即噶巴仁波切(Rgyal-ba-rim-po-che)[76]，另一個則是一般被稱爲札什倫布寺(Bkra-śis lhun-po)的僧院之院長班禪仁波切(Pan-chen-rin-po-che)，有時亦依其僧院之名而被稱爲"札什喇嘛"(Bkra-śis-Lama, 即班禪喇嘛)[77]。前者於十六世紀喇嘛教在蒙古重新建立之際被蒙古汗授與尊號，因而多半被稱爲"達賴喇嘛"(Dalai-lama)。達賴喇嘛被視爲蓮華手菩薩(Padma-pāni)的化身，亦即佛陀本人的化身，而班禪喇嘛則被視爲阿彌陀佛的化身[78]。

要數年的歲月。——譯註

[76] 布達拉宮主要完成於十七世紀中葉，爲建築上之巨構，主樓共十三層，自地基至宮頂高110公尺，約有紐約帝國大廈之高度，東西長600公尺，全部由木、石構成，而無任何鋼骨支撐，可謂建築史上之奇蹟，內僧侶最多時有25000人以上，大小僧房數千間，爲世界最大之佛寺，亦爲全藏之政教中心。噶巴仁波切，達賴喇嘛之另一尊號，意爲得勝尊者。——譯註

[77] 札什倫布寺位於西藏日喀則城西，爲後藏第一大寺。bkra-śis有"幸福、吉祥"之意。——譯註

[78] 蓮華手菩薩即爲觀世音菩薩，達賴喇嘛一向被視爲觀世音菩薩的化身，韋伯此處所説的"佛陀本人的化身"恐有疑問。達賴喇嘛之稱號爲蒙藏語之併稱，dalai爲蒙古語"海"之意；lama爲西藏語bla-ma之訛略，乃"上人"之意，原係佛弟子中內有智德、外有勝行者之尊稱。達賴喇嘛即統治西藏的法王之意，然而在西藏，達賴喇嘛之稱號多用於外交上；此外，另有數種尊稱：1.嘉穆根仁波切，意爲救護尊者，2.噶巴仁波切，意爲得勝尊者，3.達穆欽堪巴，意爲一切智者。又歷代之達賴喇嘛多冠有"嘉穆錯"名號，即藏語"海"之意。達賴喇嘛之稱號來源有二説，一説1578年蒙古俺答汗所贈，另一説則爲1650年蒙古固始汗所贈。西藏佛教於佛、法、僧三寶中，最尊崇喇嘛僧，故主張於精神、物質方面，供奉喇嘛僧即可成佛。達賴喇嘛自第一世以來，即被視爲觀世音菩薩之化身，更受到全藏士庶之無上尊崇，而且自第五世達賴喇嘛從

　　理論上，紀律方面是掌握在達賴喇嘛手中的，而宗教生活的模範性指導方面，則比較掌握在札什喇嘛手中：因爲相應於阿彌陀佛的獨特意義，札什喇嘛成爲熱情的、神秘的信仰禮拜的對象。就政治而言，達賴喇嘛這方面的意義要重大得多，然而，預言指出，在達賴喇嘛的權力地位沒落之後，札什喇嘛將會再興喇嘛教。

　　達賴喇嘛的化身被帶到僧院後，將受到七年的僧侶訓練，然後再於嚴格的苦行生活裡被授與學問教育，直到成年。面對喇嘛的神聖位格——主要是達賴喇嘛，不過也包括其他以同樣方式化身的、最高的、喇嘛教的卡理斯瑪擔綱者——，中國政府要求以下這些必要的政治保證，亦即：1.儘管彼此間的價值並不相等，但相互間確實是競爭的那些化身——尤其是達賴喇嘛與札什喇嘛的化身——必須要維持多數；2.一定數額的最高位喇嘛要常駐於北京(現在是一人)；3.除了達賴喇嘛治下的化身(活佛)的聖職層級制之外，世俗行政則由北京派遣宮宰(按：駐藏大臣)來領導；4.某些特定高位的化身有義務在北京宮廷裡逗留，並且，所有的化身都必須從北京政府那兒得到認可狀[79]。

蒙古接受西藏全土之政權後，歷代達賴喇嘛更成爲政治、宗教之最高權力掌握者。至於班禪喇嘛(Pan-chen-lama)，pan-chen乃大智慧者、大博學者之意。1645年，統治衛、藏之蒙古固始汗，尊宗喀巴之四傳弟子羅桑卻爲"班禪博克多"，令其主持札什倫布寺，並劃分後藏部份地區歸其管轄，是爲班禪四世(前三世爲後人追認)，班禪喇嘛即自此始。——譯註

[79] 事實上此一義務並沒有履行，因爲早有更簡單得多的辦法被採行(例如1874年所發生的事)：達賴喇嘛還等不到成年就被毒殺了。
西元1875年，達賴喇嘛十二世稱勒嘉穆錯卒，年19歲。——譯註

　　蒙古人於十六世紀的重新改宗和建立喇嘛教的組織後，那兒即住著許多作為達賴喇嘛之代表的偉大聖者的化身，其中最重要的人物就是如今在庫倫(Urga)的麥達理呼圖克圖(Maidari Hutuktu)[80]。儘管在蒙古維持統治權極為困難，但自從準格爾部被中國平定後，中國政府即對於此一聖職層級制的化身喇嘛有如下的規定，亦即：只許在西藏找尋活佛的化身，蒙古本地則不行。據此，喇嘛之最終的等級劃分，相應於蒙古貴族的等級制，也同樣發生於蒙古汗王重新改宗之際。

　　喇嘛僧院[81]——通常擁有200-1500個喇嘛僧，最大的僧院則不止此數——的僧員補充，大體上(和中國的許多佛教寺院一樣)是靠一般人將小孩獻給僧院，部分則是僧院將他們買進來。在西藏，

---

[80]　Urga之意為宮殿或貴族之帳幕。古蒙古人稱庫倫為"大寺廟地"。Maidari不知何許人也。在外蒙古庫倫的活佛是哲布尊丹巴呼圖克圖，西藏名Rje-btsun Dam-pa Khotokto。Rje-btsun Dam-pa有"至尊最上"之意，Khotokto(即Hutuktu)則為蒙古文"活佛"之意。為蒙古佛教教主的稱號。即喀爾喀蒙古地區西藏佛教格魯派之最高的轉世活佛。1614年，達賴喇嘛四世遣爵南派僧多羅那他赴漠北傳教，被蒙古汗王尊為"哲布尊丹巴"。1634年，多羅那他在庫倫圓寂，喀爾喀土謝圖汗衰布多爾吉適得一子，被認定為多羅那他之轉世；後入西藏學法，改宗格魯派。1691年，受封為呼圖克圖大喇嘛，是為哲布尊丹巴一世。其後代代轉生，至1924第八代哲布尊丹巴圓寂，方才廢止，前後延續約達三百年之久。在此稱號下，庫倫活佛保有外蒙古一帶之政治、宗教領導權。——譯註

[81]　關於拉薩的布達拉宮，參見Perceval Landon, *Lhasa*(London, 1905)，這本傑出的大作是根據英國探險隊的成果而寫出的。Filchner的遊記是關於一般僧院的優良實用教材，其中可以找到有關黃河上游Kumbum僧院的資料(*Wissenschaftliche Ergebnisse der Expedition Filchner*, I, 1906)。

營生餘地的固有限制，造成了入住於僧院的充沛需求[82]。由於喇嘛僧院擁有高度權勢，所以有產階級之擁入僧院者亦不在少數，而由此階層出身的僧侶也往往帶來他們世襲的個人財產。在喇嘛當中存在著一種強烈的金權政治的組織，這是不證自明的，然而，似乎在喇嘛僧院裡發展得特別徹底[83]：無產的僧侶爲有產的僧侶勞動並服侍他們，此外則編織竹籃和類似的工作、收集馬糞作肥料、從事買賣等等[84]。只有正統派的黃帽敎會要求童貞的義務，不過也同樣容許吃肉和喝酒。

即使是較小的僧院，至今仍維持著授課的活動，主要分成四個學部：1.神學部，也是最重要的學部，同時亦擁有僧院的領導地位[85]，因爲聖職是由此一學部來頒授；2.醫學部，附屬僧院的醫師及其經驗性的草藥學；3.禮儀學部(Tsing Ko)，古來的古典學，此處，本質上是傳授死者祭儀規則的知識[86]；4.密學部(Tsu pa)，爲了

---

[82] 根據Filchner的記述，幾乎每家的第三個男孩都會而且必然會成爲喇嘛。

[83] 根據Hackmann的報導，接受出身太高者進入僧院，有時會遭到僧侶們的反對，因爲害怕其巨大的社會勢力。

[84] 尤其所謂喇嘛的"神聖交易"是眾所週知的。在此種交易中，相應於俗人的恭順，不管怎樣都會交換到較高價值的商品。譬如用絲巾換到羊，用羊換到馬，等等；一種和"幸運的漢斯"相反的方式(參見Filchner的遊記)。

"幸運的漢斯"是格林童話裡的一個故事，敘述主人翁漢斯牽一頭乳牛出去賣，一路上碰到騙子，換來的東西愈來愈不值錢。這是韋伯拿來與西藏喇嘛作比較的地方。當然，根據童話故事的原則，忠厚老實的人最後總是善有善報的，漢斯自然也有他"走運"的一天。——譯註

[85] 由呼圖克圖來授課。教授職位每一至三年更換一次，每個學部有三名教授。

[86] Filchner說Kumbum僧院裡的這個學部有15名學生。

薩滿的目的而訓練怛特羅派的苦行[87]。在課程中,和一切印度式教育的古老性格完全相應的,付有賞金的辯論(為的是每月的俸祿)至今仍扮演著要角[88]。

學生(sdom-pa)基於聖職授任式而從學僧(ge-tsul)晉升為正式僧侶(dge-slon),然後再依階段(總共五個階段)而上升到堪布的地位——在古老的學識階級制裡,此乃下級聖職者的最高地位,作為僧院院長,握有懲戒權(生殺予奪的大權)。上級聖職者的位階,自呼畢爾汗起(經過呼圖克圖,最後為達賴和班禪喇嘛),不能透過聖職授任的方式,而只能經由再生才可獲得。作為對抗回教的信仰戰士,這些僧侶莫不奮勇善戰,並且至今——和俗人相反——仍是武裝的。此外,喇嘛僧耗費在共同禮拜上的時間,比起其他任何地方的佛教僧院來都要多得多。

對我們的文本而言,去描繪出喇嘛教的萬神殿,不啻是浪費筆墨[89]。那只不過是大乘的萬神殿的一種變文:大大地添加了非佛教的、吠陀的、印度教的(特別是濕婆派的)和西藏地方性的神祇與鬼靈。其中,特別是加入了古印度民間的女性(性力Sakti)神格,正如(我們下面將簡短談到的)巫術的怛特羅派所做的那樣:在此,連佛陀都被安排了配偶女神——部分而言,和後期印度教裡,毘濕奴也有了配偶女神一樣。整個佛教宗教意識裡所具有的那種修道

---

[87] Filchner說Kumbum僧院裡的這個學部有300名學生;這事業可帶來相當高的收入。

[88] 那些論題往往比《猶太法典》裡的一些論題還要來得滑稽(參見Filchner的遊記)。

[89] 關於這個問題,在德文著作中,仍以我們此處經常引用到的Grünwedel的作品為最佳入門書。

僧的主智主義性格，在此，也還是相當緩和了怛特羅派狂迷─忘
我的、特別是性愛狂迷的特色。反之，實際的宗教信仰，尤其是
俗人的宗教信仰，純粹是聖徒崇拜，尤其是對喇嘛本身的崇拜[90]，
巫術性的神療術和占卜術；對於俗人的生活樣式沒有一丁點倫理
理性化的影響。除了爲僧院提供賦役和貢租之外，俗人的重要性
也只僅於朝聖者和布施的施主。

　　既然喇嘛教的最高救贖之道仍是講究方法與規制的冥思，喇
嘛本身的救贖追求因此也帶有佛教和印度教的特色。實際上，那
幾乎純粹是儀式主義的，尤其是變成怛特羅和曼陀羅主義，並
且，藉著轉經筒、祈禱幡、念珠和類似的手段所形成的祈禱形式
崇拜的機械化，最初是在喇嘛教裡獲得其最爲首尾一貫的發展。

　　倫理性的僧院紀律在各時期的狀態，最根本而言，是取決於
政治關係的秩序，並且多半是微不足道的[91]。類似拉薩山顛的布達
拉宮的建築、二流僧院裡存在著(如今已衰微)的學問、數量一直相
當龐大的宗教文獻，以及部分而言第一流的藝術作品之與日俱僧
的累積，這一切都呈現在純粹遊牧民族所居住的牧草地和沙漠高
地裡，亦即海拔高達五千英呎、一年裡有八個月冰封的土地上。
無論如何，這都是個令人印象深刻的成就，並且也只有在嚴格的
層級制組織之下的喇嘛教的僧院佛教，對俗人行使其無限權力的
情況下，方有可能畢竟其功。換言之，一方面是中國古代的軍事
性賦役組織，另一方面，是擁有服徭役、繳租稅並且捐獻布施的
子民的、喇嘛教的修道苦行僧組織，使得文化在此處生長出來。

---

[90] Filchner並不認爲這是喇嘛所促成的，每個人都只相信自己獨特的巫術
　　力量。

[91] Filchner的遊記。

此一領域，若就資本主義的利益追求觀點而言，部分是廣闊無垠的永遠的牧草，部分則單只是沙漠，總之，怎麼說都不是產生大規模建築和藝術作品的適當場所。因此，隨著上述那種組織的崩壞，此地恐怕還是難以逃脫再度地永遠為亙古沙塵所覆蓋的命運。

5

印度正統的復興

一、一般性格

我們再回到印度來[1]。佛教的一切形式在印度於西元的第一個
一千年裡逐步地受到壓制，最後幾乎完全被根除。在南印度，佛
教首先讓位給耆那教，如我們先前所說的，這可能和耆那教優越
的教團組織有關。不過，耆那教的傳播範圍也跟著縮小了，最後
只侷限於印度西部的城市，在那兒，耆那教至今仍然存在。以婆
羅門為頂峰的印度教獲得了勝利。

印度教的復興似乎也是從喀什米爾開始的，那兒是《阿闥婆

---

[1] 關於印度的教派宗教，較新的作品是E. W. Hopkins, *The Religions of
India*(London, 1895)。關於近代的印度教的著作，特別參見Jogendra
Nath Bhattacharya, *Hindu Castes and Sects*(Calcutta, 1896)——極端反教派
的作品。簡單的綱要，見M. Philipps, *The evolution of Hinduism*(Madras,
1903)。較老的作品為Barth, *Les Religions de l' Inde*(Paris, 1879)和Wilson
的力作。

吠陀》的、同時也是大乘教義的巫術之學的古典地區。在這塊發
祥地上，梵文的復興已指示出印度教復興的先聲，不過，前者當
然不是單純地與婆羅門的復興同時並進的[2]。事實上，如我們所見
的，婆羅門主義從來未曾消失過。婆羅門很少眞的被異端的救贖
宗派所完全剔除。這早有其純粹外在的因素。

　　耆那教的救贖者(tīrthankara)和佛教的阿羅漢，並不施行任何
的儀式。但是，俗人卻要求禮拜，並且要有禮拜的確實擔綱者。
相應於這種要求，一般而言就由僧侶或訓練有素的婆羅門來擔

---

[2] 關於這點，參見O. Franke, *Pali und Sanskrit* (Straßburg, 1902)。巴利文是
古代佛教徒、錫蘭聖典、阿育王詔敕、以及似乎是西元前三世紀一般
有教養的"雅利安人"所使用的語文。按照Franke的說法，巴利文是由吠
陀的梵文發展而來，其發源地爲鄔闍衍那(Ujayana)，阿育王在王子時代
曾任該地的總督，同時也是他的妻子的出生地。Franke試圖證明，只用
來作爲文識者的語文(因而是第二義的)梵文，發源於喀什米爾與喜馬拉
雅地方，然後再以諸王的碑文和大乘佛教徒、耆那教徒、婆羅門等的
文獻和紀念碑文的記述文字方式，於西元前一世紀左右推進到馬特剌
地區(Mathura，恆河與閻摩那河流域)，然後再因政治上的緣故而隨著
婆羅門制度傳播到南方與東方。Sylvain Lévy指出(*Journal Asiatique*, I,
1902, p. 96 ff.——見Burgess附有註解的翻譯，發表於*Indian Antiquary*,
33, p. 163 ff.)，野蠻的入侵王朝，特別是(對宗教比較冷淡的)Kschatrapa
王朝，和婆羅門——正統的(以普拉克利特語創作和發布告的)Satakarnis王
朝相對反，是保護梵文的，到了四世紀的笈多王朝治下(儘管崇拜婆羅
門神祇，也寬容各教派)，梵文成爲北印度知識階層的普遍用語。就算
是這樣，梵文極有可能是因爲其爲古代聖典的用語所具有的**巫術**意味
(有時佛教徒也這麼強調)，而在其被接受的這一點上扮演了重大的角
色。Lévy也這麼認爲。

鄔闍衍那，又稱優禪尼國，位於摩揭陀國西南之古國名，亦爲都城
名。位置在今天尼布德哈河(Nerbuddha)北方之摩爾瓦(Malwa)。《大唐
西域記》卷十一有關於此國的記載。——譯註

當，但是如此一來，僧侶就無法盡其冥思和說法的義務，而婆羅門則屈服於異端的救世論，並且親自爲在家者舉行儀式而據有寺院的俸祿。因此，如我們所見的，婆羅門往往充作耆那教的寺院祭司，並且在一些佛教的教團裡也可以看到婆羅門在發揮這種功能。種姓秩序確實更加地渙散，其現今所見的大部分傳播地區是印度教復興以後才贏回來的。

然而，種姓秩序從未眞正在其古老的北印度支配地區裡消失過。佛教確實是特別地漠視種姓秩序，但也未曾加以攻擊。在印度的文獻和紀念碑文裡，還沒有哪一個時代是不將種姓秩序當作實際上相當重要的前提。但是，我們也看到，行會的勢力是如何開始在城市裡取得優勢。特別是在佛教的影響下，一種眞正的"國家理想"，亦即福利國家的理想，發展起來。前面提過Vellala-Charita裡所描述的一場有名的爭端[3]：一名孟加拉的商人向要求貸貸戰費的仙納王朝國王提出異議，此種異議亦屬於徹底異端的態度之一，易言之，君王的律法並不在於遂行戰爭，而是在於照料子民的福利[4]。此種無視於種姓階序的國民概念(Staatsbüger-Begriff)悄悄地現出端倪，相對應於同樣悄悄出現胚芽的原始自然學說，由此學說導出完全非印度教的思想，亦即：人類天生自然的平等，以及人類在和平主義的黃金時代裡的自由。

強大起來的君主勢力，試圖同時解脫掉身上的兩大桎梏，一

---

[3] 故事詳見第1篇第8章頁134。——譯註

[4] 我們看到，印度教的君侯自豪於不事殺戮，「除了在戰爭裡」，亦即在其天職(Beruf)裡。因此，正統印度教的二元論，並不是"政治倫理"與"私人倫理"的二元論，而只是依行動領域之不同，將律法一般性地個別化後的個別事例。

是佛教的平民的教權制——如我們所見的，這在錫蘭、緬甸，以
及北印度諸國裡，發展起來；一是城市市民階層的金權制。他們
與婆羅門知識階層結盟，並採用種姓階序的辦法而加諸原始佛教
的僧侶制度與行會之上，然後再與各方交好，首先是大乘佛教，
其次是純粹儀式性的正統婆羅門主義。如紀念碑文資料所顯示
的，新正統派的復興徹頭徹尾是決定於君王的權力[5]。透過外在與
內在的重整方向，婆羅門的教權制爲此一過程預先舖好了路——
在孟加拉的仙納王朝治下似乎特別是以古典的形態展開。

　　其實，婆羅門根本從未消失過。只不過，他們是在不守佛教
僧侶規定的情況下，被壓低在儀式性的寺院祭司的低位上。對婆
羅門的捐獻，自阿育王時代以降的四百年間，全然未曾出現於碑
文裡，再過二百年，也就是了西元三百年左右，也很少見到這樣
的碑文記載。對於作爲世俗的貴族祭司階層的婆羅門而言，最爲
關鍵性的問題在於：將自己從處於僧侶集團之下位的這種狀況中
解放出來——此種狀況即使是在極爲迎合婆羅門傳統的大乘佛教
裡也是一直存在的。再怎麼說，從婆羅門的觀點看來，大乘佛教
還是印度教社會體系裡的異質體。

　　印度教的復興，一方面在於主知主義—救世論之異端學說的
滅亡，另一方面在於西元一世紀的法典所規制的種姓儀式主義的
定型化；不過，最終特別是在於印度古代典型的、源自大王國時
代以前且尚未映入我們視野的、印度教各**教派**的布教活動。並
且，特別是透過異端教派的共同體之所以能夠成功的相同手段，

---

[5] 有個王子(Mahadagaputra)入信爲毘濕奴教派的成員，被認爲是爲了捐獻
　的緣故。

亦即：有組織的職業僧侶制[6]。現在我們所要處理的就是這些教

---

[6] 此種激烈鬥爭的過程，不在此描述，況且現有的文獻材料頂多也只能讓我們做出並不完備的記述。不過，紀念碑上倒是留下不少的線索。這場鬥爭不僅發生於佛教、耆那教和正統派之間，也發生於正統派的各個婆羅門學派之間。舉幾個例子也就夠了。

耆那教的寺院被濕婆派教徒所毀，並在那兒造立靈根(Linga)像(*Epigraphia Indica*, V., p. 185)。

某個城市的商人為濕婆派的苦行者出資建立僧院(*Epigraphia Indica*, I, p. 269)，並且為推廣婆羅門的知識而捐地建校(*Epigraphia Indica*, I, p. 338)。此處說到婆羅門是「深解數論派教義」、「關於怛特羅法門的獨立思想家」、「了解吠陀經典」，並於機械、藝術、音樂、詩歌及勝論派學說等各方面無所不精。濕婆教在西方恰羅怯雅王朝治下的大規模復興，詳細記載於12-13世紀的碑文裡(*Epigraphia Indica*, V., p. 213ff.)。其中載有關於自祖父革世襲濕婆祭司之職的Samasvara的行誼，說他具有善於自制、觀想、不動心的恍惚忘我、沈默、低吟祈禱和深入冥思之境等優越的性格，並深深地獻身於parameśvara(濕婆神)。大部分的人都只通曉邏輯、修辭、戲劇、詩歌或文法的其中一門學問，但Samasvara卻無所不通。他也精通尼夜耶派和數論派的學說。僧院學校所教授的包括：尼夜耶、勝論、彌曼差、數論和(令人驚訝的)佛學(佛教哲學)，以及各種富蘭那書。因此，也就是個普遍的"通宗派的"學校。不過，在同處(p. 227)也提及和敵對者的論爭，譬如有個濕婆教的宗派創立者被描述為"佛教之洋中的海上火光"、"彌曼差山脈上的雷鳴"，並且砍伐了Lokāyata(順世派)的大樹、打殺了數論派的大蛇、根除了不二論(吠檀多)的哲學、並消滅了耆那教；相反的，他護衛Nayagika派(?)，在有關事物的區別上他是毘濕奴教徒，在事物的說明上則是個濕婆教徒。同處(p. 255)提及和耆那教的激烈爭論。此外，靈根派的創立者巴沙伐(Basava)也出現了(*Epigraphia Indica*, V. p. 23)，他的教派和所有其他教派(尤其是耆那教)激烈對立(p. 239)。

毘濕奴教派的創立者羅摩撃遮被稱為"純正的Dravida學說"的代表，破除了"代表幻相學說者(吠檀多主義者)的傲慢"(*Epigraphia Indica*, IV, p. 17)。

此外，由王侯所促成的宗教問答亦廣見於碑文中。七世紀左右南印度

派。這些教派的勃興意味著背離古來的、隨著剎帝利時代而衰亡
的知識階層的救世論關懷，同時也意味著培育起一種適合於平民
的，換言之，無學識階層的宗教意識——現在，婆羅門階層得將
他們算作是護持者。"拉吉普"確實是不同於古代的剎帝利：在於
其文盲狀態。

　　就文學方面而言，婆羅門的復興理論上是表現於史詩的最後
編纂定稿，實際上則是作爲其使命的富蘭那書(Purana)文學的勃
興。史詩的最後編纂是貴族婆羅門學者的產物。富蘭那書則不
同。建構這類作品的不再是古來訓練有素的高貴婆羅門氏族，而
似乎是古老的吟遊詩人[7]。其素材是由(我們很快就會談到的)寺院
祭司和遊方僧侶採集而來，並加以折衷編纂，內容則爲特定宗派
的救贖教義，然而史詩，特別是《摩訶婆羅多》，仍爲一種各宗
派共通的倫理範例，也因此而得到各大宗派的承認。

　　首先，若撇開各別的教派神祇和教派宗教特有的救贖財不
談，我們立刻會發現史詩當中到處充斥著那種官方所承認的咒術
和泛靈論的特色。拜物教取向的感應的、象徵性的咒術，聖河(特
別是恆河)、池塘、山岳的精靈，全面大量發展的咒文和手印之類
的咒術，基於傳統文書技術的符咒等等，都和吠陀諸神的古來崇
拜一齊併現，並且圍繞著各式各樣的神格化和被當作是精靈的各

（坦米爾)文學裡，根據專家判斷，部分是極爲優美的性力宗教的聖歌，
大量出現，成爲一種重要的布教手段。造訪宮廷的聖歌手和教師，往
往就是宗教改宗的擔綱者。失去了君王的眷顧，特別是佛教，但也包
括因教團組織而較爲強固的耆那教，很快地就衰退了，約自九世紀
起，兩者在整個南印度幾乎全都消聲匿跡。骨子裡，二者都是主知主
義的救世論。

[7]　見Winternitz, *Geschichte der Indischen Literature* (Leipqig, 1908), p. 448。

色抽象觀念而澎脹擴充。此外，正如霍普金斯已明確指出，並且可在現今的民俗學裡得到證明的，還有對祖先、祭司與牛的崇拜與上述的現象並存。

另一方面，隨著大王國的發展而產生出獨特的家父長特色，這是所有家產官僚制王國所必然要求於其子民的。在史詩的較早期部分，君王已是其子民的一種地上神祇，儘管婆羅門的勢力亦顯示出非常驚人的強化——和古老的婆羅門文書裡所呈現的婆羅門勢力完全是兩回事，並且本質上更為巨大。父母親與長子(在父母故世後)的家父長地位，被極端強調。無疑的，新興的婆羅門教特別是透過此種教誨而自我推薦為王權的支柱。因為，在這方面，佛教(儘管極具融和性)確實是相當不家父長取向的。強調歸強調，家父長權力在此仍然無法取得像在中國那樣的獨特地位，原因端在於(在正統派那兒仍維持住的)最高權力的分裂，尤其是苦行僧與導師所擁有的強勢地位——很快的我們就會談到。

救贖財同樣也增加了。除了因陀羅的英雄天堂和比這更高的梵天宇宙世界，以及最終的，與梵合一的境界之外，在史詩和古老的民間信仰裡，也可以看到好人的靈魂會化為星辰的觀念。在這不勝枚舉的混雜之中，如今又再加上印度教特有的宗派特徵。這些特徵，部分包含在《摩訶婆羅多》最後被插入的章節裡——藉此，婆羅門顯然是意圖促成一種宗派間的平衡與協調——，部分特別是包含在各宗派純粹的信仰問答綱要書——富蘭那書——裡。

正如史詩被改寫成有訓誨意味的部分——這部分在其最後的編纂期時已全然發展成此種文學樣式——富蘭那書亦是如此，特別是《薄伽梵塔·富蘭那書》(Bhāgavata-Purāna)，至今仍是在廣大的印度教民眾面前吟誦的主題。那麼，到底在內容上有什麼新

要素呢？一方面，有兩個人格神登場[8]，他們本身是古老的，但至
少在公認的主知主義教義裡至今才勢力強大起來，亦即：毘濕奴
與濕婆[9]；另一方面，出現了某些新的救贖財，以及最後，層級制
組織的重新編整。這些都是中古與近代印度教的教派運動的特色
所在。現在，我們先說救贖財方面。

如我們先前所見的，古代高貴的主知主義救世論不僅拒斥而
且漠視所有狂迷—忘我的、感情性的要素，以及與此相關連的、
粗野的民間信仰裡的巫術成分。這些要素與成分是屬於位在婆羅
門的儀式主義和婆羅門靈知的救贖追求之下的民間宗教信仰裡為
人所鄙棄的底層，並且無疑的，和其他各處一樣，是由薩滿之類
的咒術者所培育而成。然而，在顧及自身權力地位的利害考量
下，婆羅門也無法一直完全自外於此種巫術的影響力和將之理性
化的需求，正如他們在《阿闥婆吠陀》裡承認了非古典的咒術那
樣。在**怛特羅**巫術裡，民間的恍惚忘我之術最終也流入到婆羅門
文獻裡，在其中，怛特羅文書被許多人視為"第五吠陀"。因為，
在印度，和西方一樣，巫術技藝(特別是鍊金術與為達恍惚忘我之
目的的神經生理學)之有系統的理性化，屬於理性的經驗科學的前
階段。此處無法再繼續追究因此而產生的一些副產品[10]。

怛特羅巫術，就其原始性質而言，便是靠著共同享用所謂的"五

---

[8] 這麼說當然必須有附加條件才行。知識分子仍大多認為在此最高神祇
背後存在著非人格神的根本原因，或者認為它們本身就是半非人格的
力量。

[9] 古代的佛教徒與者那教徒冠有毘濕奴派和濕婆派的名稱者並不少，所
以Bühler說那些神祇的崇拜是古已有之的結論是正確的。

[10] 關於怛特羅文獻的科學作用，見本書第2篇第5章註10。

摩字"(ma-kāra, 後代的術語爲"聖輪", puruabhishaka)所導致的狂迷忘我，所謂"五摩字"即是五種以"m"字母爲開頭的事物：madya(酒)、māmsa(肉)、matsya(魚)、maithuna(性交)、mudrā(神聖手印，也許是起源於默劇)。其中最重要的是與酒相連結的性的狂迷[11]，其次是血祭和連帶的宴饗。狂迷的目標無疑便是爲達巫術目的的恍惚的自我神化。爲神所附者，亦即Bhairava或Vira，擁有巫術力量。他會和女性的創造力Śakti(性力)合而爲一，Śakti後來即以Laksmī、Durgā、Devī、Kālī、Śyāma等(女神)名稱出現，藉著一個喝酒吃肉的裸體女人(Bhairavī或Nāyikā)表現出來。

　　無論其出之以何種形式，此種崇拜本身確實是相當古老的。此處，和其他各處一樣，狂迷乃是低下階層(因此特別是德拉威人)的救贖追求的形式，所以正是在婆羅門的種姓秩序直到後來才貫徹的南印度，尤其長期地維持著。直到現代初期，巴利市(Pari)在Jagannātha祭典期間，所有的種姓仍一齊同桌共食。在南印度，低階種姓，如Parayan和較之高些的Vellalar，甚且還常擁有著名寺院的產權：這些寺院是以古老的狂迷之道來奉祀神祇，而這些神祇也曾爲上層種姓所崇拜，自那時代所留傳下來遺制，還有許多仍保存著。即使是精力相當旺盛的英國風紀警察也很難將性的狂迷壓制下來或至少完全清除其公然的活動。

　　人們將作爲同類療法的性狂迷，和古老的豐饒精靈連結在一起，其象徵則如世界其他各處一樣，是陽具(lingam, 靈根，實際上是男性與女性的生殖器的結合)。貫穿整個印度幾乎無一村落無之。諸吠陀嘲諷靈根崇拜爲被支配階層的惡習。我們此處所關懷

---

[11] 「女人與酒便是五摩字，能除一切罪」，有個狂迷術士這麼說。

的並不是此種狂迷之道本身[12]。對我們而言，重要的是其無疑起源
於遠古時代而又從未斷絕且生生不息的這個事實。因爲，印度教
所有重要的派別，就其心理學上的特性而言毫無例外的是透過婆
羅門或非婆羅門的秘法傳授者之手，將此種普遍傳播的狂迷的救
贖追求加以相當徹底地昇華而形成。在南印度仍可看到此種昇華
過程殘存形態，因爲並不十分成功。在那兒，部分的次種姓和移
入的王室手工業者抗拒婆羅門的統制，所以仍然存在著殘留的分
裂形態，亦即"右派"種姓與"左派"種姓：Valan-gai(Dakshinācāra)與
Idan-gai(Vāmācāra)，後者保有其固有的祭司及其古老的狂迷之
道，前者則順應婆羅門的秩序[13]。被視爲正統婆羅門的這個"右派"

---

[12] 英國人的陳述有著如下的危險性，亦即：作者幾乎總是帶著清教徒一
般所見的激越姿態來評斷此種"令人厭惡的慣習"，而不是就事論事地可
以讓人理解其明確的意義(或者如《印度百科全書》*Cyclopaedia of India*
裡許多條目所描述的，以及一些有教養的印度教徒所表示的那樣，乾
脆否認此事之存在)。

[13] "左派"種姓所包含的，特別是前文提及的王室手工業者Panchsala(五種營
業)：鐵匠、木匠、銅匠、石匠和金匠，其他還有Beri-Sethi(顯然是古代的
行會商人)、Devangada(織工)、Ganigar(榨油業者)、Gollur(搬運
工)、Palayan(賤民，Paria, 以前的織工，現在是農人)、Beda(捕鳥
者)、Madiga(皮革匠與鞋匠)。
　"右派"的婆羅門種姓包括：Banija(大盤商)、Komati(小賣商)、Gujarati(古
加拉特Gujarat出身的銀行家)、Kumbar(陶匠)、Rangajeva(染工和棉布印染
者)、Naindu(理髮師)、Jotiphana(擁有牡牛的榨油業者)等由北印度遷徙而
來的成員，以及Okhalaya(農人種姓)，和Kurubar(牧羊人)、Agasa(洗濯
工)、Besta(漁夫與挑夫)、Padma Sharagava(織工)、Upparava(築堤工)、
Chitragara(畫工)等下級種姓，此外還有屬於Palayan種姓的Wallia等。在最
後這一項中，(賤民)種姓真是一分爲二。佛教(應該是屬於所謂的左派種
姓)和上述分裂有所關連的說法，是毫無根據的。左派種姓就是不接受婆
羅門爲祭司(來取代他們的薩滿)，並且一直保持著古來的狂迷崇拜踐行，

種姓的崇拜，褪去了狂迷的性格，特別是血食供奉，而易之以稻穀。

　　古老的女性豐饒精靈在融合過程中首先是被升格為婆羅門神祇的配偶女神。顯現此種過程的特殊造神形式，是吠陀經典中(因眾所週知的理由而深受冷落的)豐饒神濕婆(吠陀中的魯特羅)[14]。此外，還有作為太陽神與豐饒神的毘濕奴。女性的豐饒精靈則被配屬於三大正統神祇，或者說服屬於他們，例如：拉克什米(Laksmi)配毘濕奴，帕瓦蒂(Pārvati)配濕婆，薩拉斯瓦蒂(Sarasvati, 美術與文藝的守護神)配梵天。其他的女神序列而降。古老的傳說——在許多方面都令人想起希臘神話，並且是驅邪的、(或者反之)同類感應的狂迷儀式之無誤的解釋——被接受下來：許許多多未見之於古老文獻的神祇，尤其是女神，現在都以"正統"的姿態登場。此一過程遍佈於整個印度，各色富蘭那書即為其文學表現。在哲學上根本是折衷性的，富蘭那書的使命不過是建立起各宗派教義的宇宙論基礎並加以解釋。

　　在此種接受與適應的過程當中，婆羅門階層努力的動機部分而言全然是物質的，換言之，只要全心奉獻於供奉這些從未被根絕過的民間神祇，那麼無數的俸祿與臨時報酬便會源源不絕而來。此外，他們也被迫去面對耆那教與佛教等救贖宗派之勢力的競爭，換言之，唯有順應民間的傳統，方能將對方拉下馬來。在形式上，接受的辦法如下：要不是將民間的鬼怪或神祇直接等同於印度教裡固有的類似神祇，就是——當關係到動物崇拜時——

　　至少直到發生分裂的時期都未曾放棄(現今則受到壓制)。

[14] 陽具—豐饒崇拜與魯特羅禮拜(用來安撫原初根本是疾疫惡神的魯特羅的儀式)之相結合，似乎早在《摩訶婆羅多》之前即已完成。

將之視爲此等神祇的化身。爲此目的，作爲豐饒神的濕婆與毘濕奴自然就被考慮進去，當然，人們過去對這些神祇本身的崇拜，的確是出之以狂迷的方式。不過，此種崇拜，已儘可能就著正統的素食主義及禁酒和性的節制之道而被調節緩和。關於婆羅門階層如何與民間宗教相適應的過程，我們不願再詳究其細節，至於一直相當普遍的蛇靈與太陽神的崇拜[15]，此處也略而不表，要注意的是那些更重要的現象。

女性豐饒神崇拜——儘管被當作非古典的，然而卻被接收於正統婆羅門主義門下——的種種形態，通常被稱爲**性力派**(Śākta)。**怛特羅**(巫術—密教的)文獻——我們已知其於佛教的意義——的主要部分即性力派的文學表現。將怛特羅理性化並因而投入民間性力女神崇拜的婆羅門，於數論派哲學的性(prakriti)理論與吠檀多派的幻(māyā)理論當中，求取其宗教哲學的連接點，並將之詮釋爲根本質料(就一元論而言)或女性原理(就二元論而言)——相對於透過梵而被表現爲造物主的男性原理。

此種宗教哲學的性格徹徹底底是第二義的，因此我們可以完全不予理會，儘管，如先前所見的，它對於精密科學發揮了刺激作用。隨著主智主義的精神化，狂迷被導引成對聖輪(取代了女性生殖器)的冥思性崇拜。市民的性力崇拜往往也被發展成對(作爲女神崇拜行爲之代表的)裸體女性的仰慕。和民間崇拜裡的酒與性的狂迷相結合的，往往是性力派特有的血食供奉，亦即pujā——源自遠古且延續至近代初期的活人獻祭，以及肉食狂迷。此種和生活

---

[15] 婆羅門祭儀中也包含了勸請太陽神(如《梨俱吠陀》中的Sūrya)。排他性的太陽神崇拜者(Saura)，一直到西元初年，在移入的米朵拉(Mithra)祭司的影響下才出現。

樣式之理性化全然沾不上一點邊的崇拜，特別是在北印度(比哈爾和孟加拉)的東部，甚至還得到中產階級的支持。例如Kāyasth(書記)種姓直到不久之前仍大多信奉怛特羅。婆羅門的貴族階層，儘管也不得不尋求和民間崇拜有所接觸，但總是和此種順應保持相當距離。從秘密性愛的昇華，到性狂迷的苦行翻轉，有著極爲不同的許多階段。

二、濕婆教與靈根崇拜

事實上，婆羅門成功地去除了古老的陽具(lingam或linga)崇拜所具有的酒與性狂迷的性格，並將之轉變成純粹儀式主義的寺廟崇拜——如我們已經指出的，印度最普遍的一種崇拜[16]。此種被承認爲正統的崇拜，依靠其值得注意的簡省，一下子就吸引了大眾：在通常的儀式裡，有水有花也就夠了。在婆羅門的理論裡，住在作爲崇拜物的靈根裡的精靈，或者，根據被昇華了的觀念，以靈根爲其象徵的精靈，徹底地被視同爲濕婆。此種吸納過程或許早在《摩訶婆羅多》裡即已完成：極具特色地相對反於古來的性狂迷，那史詩裡的大神在靈根保持純潔的情況下無不欣喜[17]。相反的，怛特羅文獻——相應於其狂迷的起源——大半部分都是濕婆與其配偶女神的對話。在這兩種潮流相互妥協的影響下，濕婆成爲中古時期婆羅門階層眞正的"正統"神祇。在此種相當廣義下的濕婆教，包含著各種極端的矛盾，因此絕不是個統一體。

---

[16] 至今純粹爲靈根崇拜者的印度教徒，可能至少尚有八千萬人。

[17] 不過，Mazumdar(J.R.A.S., 1907, P. 337)反對Rhys Davids的意見，而推斷凡是《摩訶婆羅多》裡提到此種崇拜之處，都是插入的部分。

　　西元七世紀的彌曼差哲學大師兼婆羅門教師鳩摩利羅・巴達
(Kumārila Bhatt)，通稱巴達阿闍梨(Bhattācārya)，是第一個起而反
駁佛教異端的偉大論師。然而，若就復興婆羅門思想的先鋒而
言，換言之，企圖將主知主義救世論的古老哲學傳統和布教活動
的需求連結在一起，並慎重地加以計劃且發揮出持久的效果者，
(恐怕)是馬拉巴人出身的混血兒商羯羅(Śankara)，通稱爲商羯羅阿
闍梨(Śankarācārya)。他是精通吠檀多哲學古典著作且學識廣博的
註釋家，生存於八到九世紀，據說以32歲的青壯之年即溘然長逝
(其實是在其宗教改革運動開始後32年才死的)。他似乎是第一個有
系統地將最高的人格神梵天(Brahma)和終極而言、唯一的非人格的
超越原理(Para-Brahman)納入於與之相矛盾的吠檀多教義裡的人。
所有其他的神的存在，無非是梵天的現象形式，而梵天本身雖然
是世界的主宰，但究竟不能被認爲是世界的根本原因；所謂根本
原因，在印度教體系裡不可避免地必然是非人格性的、不可測度
的。在印度教的所有聖徒崇拜裡，商羯羅無不立於頂端，正統濕
婆教的所有宗派也全都以之爲師，某些宗派甚至視之爲濕婆的化
身。

　　印度最高貴的婆羅門學派，史曼爾塔派(Smārta, 名稱由其根本
經典聖傳Smrti而來)也是最嚴格恪守商羯羅之教義的學派[18]，特別
是以南印度斯陵吉里(Śringeri)極負盛名的僧院學校和北印度尤其
是桑喀什瓦(Sankeshwar)的僧院學校爲其中心地點而發展起來。在
商羯羅的運動下，此後一切新的婆羅門宗教改革運動都必然尊奉
一個人格神爲世界的主宰，而融合不同信仰的正統派亦以此而將

---

[18] 有關史曼爾塔派，參見本書第1編第3章註4。——譯註

濕婆與毘濕奴這二位民間神祇與梵天結合起來，形成印度教古典的三位一體觀。

相應於其起源乃出自哲學派別的建構，梵天本身自然在基本上仍爲一個理論上的角色，實際上從屬於另外兩個神。對他的崇拜僅限於唯一的一個貴族婆羅門的寺廟，除此，他完全落居於濕婆與毘濕奴之後。這兩個神祇在正統的綜合信仰裡被視爲梵天的現象形態，然而，現實的教派宗教卻反而將濕婆或毘濕奴當作眞正最高的、或根本上唯一的神。眞正屬於新興婆羅門教派的、古典的救世論，幾乎全都是在濕婆的名下發展出來。

不過，比起商羯羅(在性格上屬於)折衷性的教義更加重要的，是其實踐層面的影響。本質上，他發起了大規模的僧院改革運動，並且有意識地發動對抗佛教與耆那教等異端教團的戰端。由他一手建立的教團，根據官方傳承劃分爲十個學派，名之爲"當定"(Dandin, 源自於托鉢僧的手杖)。根據嚴格的戒律，唯有沒有家庭(沒有父母、妻子、兒女)的婆羅門，才能成爲教團的成員。因此，富蘭那書將托鉢僧與古來古典的森林隱居者(vānaprastha, 以及āśrama)區分開來。托鉢僧有一項律法：在托鉢期間，不可在一個村落裡逗留一夜以上[19]。"atithi"——"意外的訪客"，是托鉢僧的老名稱。生活樣式的倫理規則和婆羅門救世論的傳統規定徹底結合在一起，換言之，清醒的"自我克制"，亦即在行動與思想上對身、口、意的節制，在此同樣是基本的。一如西方的耶穌會，新添進來的要素是以布教與靈魂司牧爲目的的特殊意圖。爲此目的，金錢的收受——確實一如佛教的範例——被嚴格禁止，但

---

[19] 見 *Visnu Purāna*, III, 9 f.

是，同時也有被准許的情況，換言之，在商羯羅親手創立的四大
僧院裡，每一處皆成立了"修道士"(Brahmacārin, 梵行者、學僧)的
教團，此種教團的成員並不自行托缽，而是必須以"兄弟服務團"
之一員的身分成爲"當定"(按：指導僧侶)的扈從，在適切的情況
下，可以爲兄弟團之故而收受金錢——儘管形態相異，歐洲的托
缽教團亦在形式上爲無法貫徹的禁令採取了類似的規避手段。在
十二年的修道生活期滿後，當定與遊方僧(samnyāsin)即可晉升爲
"Parama Hamsa"(最高位的苦行僧)。他們居住在僧院裡，主要是擔
當學者的任務，上面有個稱爲"Svāmi"的僧院院長。

　　修道僧透過加入教團的儀式而經歷了再生，特別是以此而成
爲地上的神祇。原本唯有因此而被神格化的完全僧侶才准許成爲
俗人的導師。僧侶對於俗人的權力自古以來即相當可觀，特別是
僧院院長的權力。斯陵吉里的僧院院長，擁有最高的權勢，至今
仍能藉著破門權的行使，而將整個南印度的任何一個濕婆教徒逐
出信仰共同體。任何修道僧，以及任何屬於某一教派的正式的在
家衆，都有自己的導師。對個人而言，導師的所在地可以說就是
其精神的寄託處。唯有根據導師的所在地及其與其他導師在精神
上的系譜關係，方能無誤地確定個人的宗派歸屬。例如在純正的
商羯羅派，就唯其"tirtha"(朝聖地)是問——就像麥加之於回教徒，
但在此處是指僧院或導師的所在地；同樣的，例如後來的柴坦尼
雅派(Chaitanya)[20]，則唯其Sripat(個人所崇敬的導師"Sri"的所在地)
是問。

　　依照商羯羅的意圖，具有學識教養的遊方僧應該要藉著宗教

[20] 又稱黑天派，毘濕奴信仰之一支，十六世紀時柴坦尼雅(1485-1533)所
　　創立。主要崇拜對象爲克里什那與配偶神娜達。——譯註

論難來打倒對手，而住在僧院的導師則應負起照料信徒之靈魂的
責任。不過，雙方面都應全權委諸商羯羅阿闍梨所創立的學派的
宗教指導者之手。僧院與寺廟供奉的外在組織，在本土支配者的
時代裡，部分是藉著君王的捐獻而形成[21]，不過，事情也經常是如
此進行的：君王保證寺院有自願的、個人的正式捐獻，並授與一
定的強制權以確保捐獻的維持與壟斷[22]。不過，碑文資料裡顯示
出，早在西元前已有目前仍常見於印度和中國的、至少是爲寺院
而成立的基金會[23]，並且也有信託委員會(gosthi)的創立，不但自行
管理，並且多半自給自足。宗教的指導和(多半的僧院及有些寺院
的)經濟活動，交付於宗教創立者所任命的院長之手[24]。爲了維持
修道僧生活的隔絕性，商羯羅阿闍梨的學派似乎長久以來即將導
師的獨身制強調到最高點。十大僧院學派中被視爲古典的三個學

---

[21] 根據無數的碑銘記錄，這是所有的僧院與大學都能證明的通則。

[22] 例如在一份(給某個寺院的)碑文裡(*Indian Antiquary*, XX, 1891, p. 289, 約8世紀)，有個(毘濕奴派的)坦米爾國王和某個寺院的"護持者"(捐獻者)達成"協定"，並同時規定：任何捐獻者都必須護持特定神祇的供奉，並且不得護持其他神祇的供奉，否則即課以沒收財產的懲罰，換言之，此即強制性的教區編組。懲罰時必須有受過正規教育的祭司在場。

[23] 西元前三世紀左右的碑文裡(*Epigraphia Indica*, II, p. 87 f.)，有個關於某佛教寺院的例子：爲了供佛的事宜，成立了一個委員會(Bodhagothi= Bauddhagosthi)。爲某印度教的寺院而成立者，見九世紀的一則碑文(*Epigraphia Indica*, II, p. 184)：由各地而來的馬商群集在一起成立組織，負擔各自的分配額，其收益則按分攤額而分配各色聖物。管理事務則交付於名門望族中選拔出來的委員會成員(gosthika)的潘恰雅特來執行，其首長(desin)即爲對外的代表人。

[24] 見十世紀的Kanauj君王所立的濕婆教碑文(*Epigraphia Indica*, III, p. 263)。

派,堅守靈魂司牧者必須是獨身者的原則。然而其餘各派已不再遵守此一規則。依儀式授與聖職的商羯羅派的grhastha(家住期中的家長),如今也像以前的修道院僧一樣,成為俗人的導師。實際上,差別端在於:他們不再作為家庭祭司(purohita),或一般而言,不再是祭司,因而必須到本身的教團外面去選擇自己的家庭祭司和婆羅門。素食和禁酒,在純正的商羯羅派的圈子裡被奉行不二。同樣的,還有以下的原則,諸如追求吠陀(梵文)教養、唯有再生種姓方能加入教派、唯有婆羅門方能加入教團。當然,這些並沒有被奉行到底。現今,被稱為samnyāsin者往往是文盲,非再生種姓的成員也容許加入教派,可以收受金錢,並且施行經驗性的(一般說來倒不是毫無療效的)神療術——他們將之視為秘義而弘揚。

現今,每個高級種姓的婆羅門家裡都供奉有作為崇拜偶像的靈根。然而,濕婆教的再興,並不是憑藉著一己之力而使得其正統的救贖教義貫徹於民間,並且使異端根絕。婆藪(Nagendra Nath Vasu)[25]在論及十二世紀孟加拉地區的宗教階層分布時推斷:在恆河西岸,除了800個移入的正統婆羅門家庭之外,小乘學派是占優勢地位的,在其他地區,上流社會(不論僧俗)是以大乘佛教占優勢,中產階級則為瑜伽派和某些佛教與聖徒崇拜的教派,在最低下的階層裡是純粹佛教的儀式主義和聖徒崇拜具支配地位,而怛特羅宗教則遍佈於所有階層。直到國王——特別是委拉拉·仙納(Vellala Sena)王——插手干涉後,此地才由婆羅門正統派獲取支配地位。

---

[25] *Modern Buddhism.*

　　濕婆教與後期佛教分享了使得社會階層———一方面是最上級的知識階層、另一方面是下階層——相靠攏的特質。因為，在佛教方面，除了知識階層的救贖教說之外，也將怛特羅宗教和曼陀羅宗教當作是最為合適於大眾的儀式主義而吸收進來；同樣的，在濕婆崇拜方面，除了透過史詩而採用的、古來古典的婆羅門傳統之外，也吸納了陽具崇拜的和驅邪的恍惚之道與巫術。以此，濕婆教發展出一種獨特的形式化苦行(caryā, 遮梨夜)，此種苦行，相應於其根源，特別是在《摩訶婆羅多》裡所提到的獸主派(Pāśupata)，具有一種極度非理性的性格，換言之，將胡言囈語和偏執妄想的狀態，當作是保證破除苦惱和具有巫術神通力的最高救贖狀態[26]。

　　濕婆教的諸教派也為了俗人之故而實行許多禁慾苦行，特別是藉著史詩而為一般人所知的禁慾苦行，亦藉此而成為一種大眾現象。每年的四月中旬，下層種姓出身的純正濕婆派俗眾，在其導師的帶領下蜂湧群集在一起，舉行長達一週的神聖祭儀，關於這些花樣極為繁多的聖行，我們感興趣的端在於：其徹頭徹尾(與瑜伽的冥思相對反的)完全非理性的性格，往往表現出純粹神經性的達人行徑。除了多半是栖栖皇皇的各色精靈，以及可怕的神祇本身——被呈現為具有強大巫術威力的達人和渴望血食祭獻的神祇——之外，原本的象徵意義逐漸消退，以致於完全失去了此種意義的、陽具的靈根偶像，在大眾的崇拜裡扮演了主要的角色。

　　高貴的史曼爾塔學派自視為古代傳統的繼承人，因為他們最為精純地持守著吠檀多主義的救贖目標，亦即：透過與神合而為

---

[26] 關於這點，和前面多處所見的，參照R. G. Bhandarkar, *Vaisnavism, Śaivism and minor religious systems*, Straßburg, 1913 (Bühler ed., *Grundriß der Indo-Arischen Philologie und Altertumskunde*, III, S. 6)。

一而自我寂滅，以及吠檀多主義的救贖方法，亦即：冥思與靈知。古代印度教教說裡的三德(guna)：sattva、rajas、tamas[27]，亦在此一學派裡存活下來。同樣的，神聖精神的非人格性，亦被保留下來。此一精神活動於三種形態裡，亦即：實存、知識與至福，除此則無法自我顯現，只要他願意的話，倒也可以在宇宙幻相的世界裡被顯現爲人格神和作爲個別精神的"自覺"(virāj)。個別靈性之"清醒的"精神狀態，是神性之下級狀態，而無夢的出神狀態則是最高的境界，因爲救贖目標即在眼前。

一般通行的靈根崇拜當然是和此一教說沒有什麼關連的。對單純的靈根崇拜者而言，崇拜的對象根本不是濕婆，而是靈根偶像，以及多半是他所熟悉的、帶有強烈泛靈論色彩的(男性的、然而大多是女性的)古老地方神祇。同時，濕婆崇拜以及特別是性力崇拜——對於被視爲其配偶的女神杜迦(Durgā)的崇拜——所固有的古老的肉食狂迷和血食祭獻，也以民間崇拜的非古典形態而擴大開來。性交狂迷和血食狂迷有時也會以虐待狂的方式交互混融在一起。濕婆教的個人救贖追求似乎與此毫無關連。因爲就其極高度的達人苦行行逕而言，此種追求往往特別帶有極其強烈的禁慾性格。文獻裡的濕婆本身是個嚴格的苦行者。印度教在經由婆羅門之手而接受民間的救贖追求之際，正是那種最爲嚴苛的、最使我們反感的修道僧苦行形態，被當作是屬於濕婆教的素質而加以接受。無疑的，因難行苦行而獲得的卡理斯瑪所具有的古老威信，在此被珍視爲對抗異端的競爭手段。從極端的、病態的難行苦行，到病態的狂迷之間的轉換，顯然自古以來(部分而言出之以

---

[27] 此即一切存在物都具有的三個根本的要素與性質，依次爲喜、憂、闇，與善良、邪惡、無知。——譯註

恐怖的方式)即不少見，而活人祭獻直到最近也尚未完全消失[28]。

　　究終而言，所有眞正的濕婆敎信仰，在與神的感情關係裡，一般都表現出某種有節制的冷淡。濕婆絕不是個慈愛與恩寵的神，因此，對濕婆的崇拜，只要不是保守著異端狂迷之道的要素的話，那麼若非採取儀式主義的形態，就是採取苦行或冥思的形態。正是由於濕婆神所具有的這種冷冷的思考性的性質，所以特別易爲婆羅門的主智主義—救世論所接受。對此種救世論而言，理論上的困難點端在於：濕婆就是這麼一個人格神，並且必然具備著這樣的神的各種屬性。爲此，商羯羅阿闍梨提供了連結點。

　　當然，要將整個非古典的靈根崇拜融合到對此種崇拜一無所知的古典儀式裡，實際上是有困難的。濕婆敎最盛大的祭典，至今仍是於2月27日這天向浸沐於牛奶中的盛裝的靈根舉行純粹的祭拜。然而，此種崇拜的整個"精神"，和主知主義的傳統及古典的吠陀祭儀是如此地相衝突，因此總是潛伏著分裂的危機。這必然也在濕婆敎內兩大路線的歧異——狂迷的取向與苦行的取向——當中顯露出來。最激烈的例子，是顯現於靈根派(Lingayat)[29]的創立者巴沙伐(Basava)的異端中，依照一般的見解，此一敎派是所有印

---

[28] 因此也有盜賊的敎派(在其爲印度敎徒的情況下)是屬於濕婆敎的。他們奉獻給迦利女神(Kālī)——濕婆的配偶之一——的，除了所分得的掠奪品之外，尚有活人犧牲。也有像達格暗殺團(Thugs)那樣，因爲儀式上的理由而避諱流血，所以經常是將獻祭的犧牲絞殺(Hopkins, *The Religions of India*, p. 493, note 1; p. 494, note 1——根據30年代英國軍官的報導。關於虐待狂的杜迦狂迷，見同書p. 491, note 2; p. 492, note 2)。常見的有關濕婆神和濕婆敎女神的描寫，諸如混合著淫猥與野蠻殘忍的形象，在在是與此種狂迷之道有關。

[29] 參見第1編第2章註13。——譯註

度教的宗教共同體當中，信仰最爲頑強的一派。這位創立者是十二世紀出身於印度西南部的濕婆教的婆羅門。他因爲堅信諸如披掛聖帶和太陽崇拜等吠陀儀式爲異端而加以拒斥，並且擔任堪納利國王的宮廷婆羅門及其首相，所以和教權層級制起衝突。他的宗派在堪納利地區一直是最爲強大的，並且遍佈於整個南印度。

巴沙伐之排斥吠陀儀式，造成與婆羅門的斷絕和種姓秩序的瓦解。他們宣稱一切人(包括婦女在內)的宗教平等性，並強化濕婆教之理性的、反狂迷的特色。教派當中的某部派，在性方面，被視爲"清教徒式的"。不過這似乎並沒有被嚴格遵守。但在其他儀式方面倒是更加嚴格。他們不止拒絕肉食，並且還拒斥參與任何一種肉類和牲畜的買賣或家畜的生產，同時也拒絕服兵役。他們拒斥怛特羅，而且，至少在開始的時候，是屬於懷疑輪迴教說的少數教派。知識階層的救贖追求，是去冥思理論上象徵濕婆之種種超自然的潛勢力，亦即被精神化的靈根，最後達到完全漠視現世的最高恩寵狀態(prasāda, 信解)。不過，民間的救世論[30]，卻單純是巫術性與聖禮秘法的性質。新加入者，由導師逐步施予通往成道的八種秘蹟淨法(astavarna)，唯有藉此方能授與完全成員的權利。在教義上，他們是嚴守"一神教的"，只承認濕婆，並拒斥婆羅門—印度教的萬神殿和最高神的三位一體說。

不過，他們本質上仍是以巫術—儀式的方式來崇拜濕婆。靈根被當作護身符那樣隨身攜帶(Jangama-linga, 攜帶用靈根)；若遺失此一靈根，則爲危害救贖的重大災難。除了此種護符的崇拜和

---

[30] 這方面的基本著作《巴沙伐·富蘭那書》(*Basava-Purāna*)，據我所知，並沒有被翻譯出來。很遺憾的，關於這個教派的其他特殊文獻，我也未能加以利用。

寺廟靈根(sthāvara-linga, 固定而無法攜帶的靈根)的崇拜之外, 他
們認同對聖語和聖音(Om)的祈禱。他們的祭司階層Jangama(按:
世襲的祭司種姓), 部分是屬於僧院的遊方苦行僧, 部分是靈根寺
廟的祭司, 後者有時是靈根教派村落的一種"制度"[31]。此外, 他們
也負起擔任俗人之導師的功能。服從導師, 在靈根教派是非常嚴
格的, 可說是所有印度教派裡最爲嚴格的, 特別是在儀式和倫理
(包括性的倫理)方面; 在禁酒方面, 最嚴格的是戒律遵奉派Viseśa
Bhakta。他們除了一般所見的飲用導師的洗腳水和類似的聖徒崇拜
的實修之外, 還令神像本身俯身於導師之前, 爲的是象徵導師之
於神的超越性。這在尚未有種姓的古代世界裡, 就已經非常被堅
持的。

雖然如此, 正如我們先前提及的, 靈根派還是未能免於教派
一般的命運: 由於環境的壓力, 在種姓秩序裡再度被壓制下去。
首先, 古來的信仰者氏族發展出對抗後來改宗者的貴族主義——
唯有他們才能施受八種聖禮儀式。其次, 是按照職業的身分性分
化——就靈根派而言, 在儀式上將職業劃分成種種等級, 是不可
想像的。最後, 如先前所見的, 各宗派也一如傳統的種姓制度那
樣組織編制[32]。在這方面, 特別是sāmānya, 亦即"通常的"靈根派
(相對於虔敬的戒律遵奉派), 很輕易地就適應了。總而言之, 表現

---

[31] 此一教派與婆羅門是如此尖銳地對立, 以致於村落拒斥在村中掘井,
因爲一旦掘井, 就會引來婆羅門住進村落裡(他可以藉此發落儀式上純
淨的水)。

[32] 上級種姓自稱爲Vīra-Śaiva婆羅門。祭司與商人(Banyā種姓出身)爲第一
階層, 其次是手工業者與榨油者, 最後是不淨的種姓。種姓之間早就
不再通婚, 下級種姓毋寧是內婚制。

於教派之純淨主義裡的理性主義的特質，終究未能動搖其(以農民
階層占大多數的)信仰群眾的聖徒崇拜與傳統主義的儀式主義。

三、毘濕奴教與信愛虔敬

　　印度教復興的第二大宗教思想(或這類思想的集團)，是**毘濕奴
教**，顯示出明顯不同於純正濕婆教的一種類型——儘管互有影響
與交錯。婆羅門的正統濕婆教，以儀式主義的方式將狂迷之道去
勢爲靈根崇拜，同時，採用古老的古典吠陀救世論，而將人格性
的世界主宰神導入其體系內。如此一來，濕婆教裡便存在著最高
度內在異質性的種種型態，一端是作爲新正統派的貴族婆羅門階
層的信徒，另一端是作爲村落寺廟崇拜的農民大眾的信徒。實際
上，不爲正統派所認可的血食、酒肉與性交的狂迷，當然還是留
存在民間信仰中活躍的濕婆崇拜的領域裡。相反的，毘濕奴教則
將狂迷之道轉化爲熱烈的皈依，特別是出之以對救贖者之愛的方
式。古來的濕婆教裡的血食祭獻和難行苦行的激烈達人行逕，都
與其無緣，因爲原本從古老的太陽神轉化而來的毘濕奴，毋寧是
個與(豐饒的)性的狂迷之道相結合、然而卻是以非血食來崇拜的素
食神祇。

　　慣常和太陽崇拜連結在一起的是化身的救世主，毘濕奴亦藉
此而體現出印度本土的**救世主**信仰，與此相應的，其支持者似乎
主要是印度社會裡的中產市民階層。那種轉向眞摯的感情和日常
取向的變化——我們大約可以在意大利的匹薩諾(Pisano)父子的雕

刻裡觀察出來[33]，並且是和托缽僧生活的擴大比肩並進的——可與此種救世主信仰作最佳的比較，除此，當然也可以比之於反宗教改革和虔敬派裡感覺上相類似的現象。在印度，克里什那崇拜特別是產生此一發展的基礎。

毘濕奴教是"權化"(avatāra)——最高神降生於地上的化身——的宗教。克里什那並不是唯一的神，除了他還有十個、二十個、二十二個……以及更多的神被創造出來。不過，足以和克里什那相匹敵者，是重要性僅次於他且最受歡迎的毘濕奴化身——羅摩(Rāma)。羅摩是個(在歷史上恐怕是眞的)無敵的君王，也是印度第二大史詩《羅摩耶那》裡的英雄。他有時被表現爲克里什那的兄弟，有時(在《摩訶婆羅多》裡)則爲克里什那的現身形式，並且現身爲三個不同的人物，不過每一個都被視爲同一個英雄的化身，是救苦救難者和救世主。相對於所作所爲皆徹底不合倫理的克里什那，羅摩的形象是遠遠有道德得多。他與古老的太陽神Sūrya崇拜的關係，也遠比克里什那要緊密得多。植物祭典和不流血的獻祭——這至少是和古老的濕婆教的肉食狂迷相對反的、毘濕奴教的特質——似乎便是淵源於此種太陽神崇拜。另一方面，在克里什那—毘濕奴崇拜裡往往以純淨化的形式繼續存在的性狂迷的要

---

[33] 匹薩諾(Nicola Pisano, 約1225-1280)，意大利彫刻家。出身於南意大利的亞普利亞，主要在比薩、西耶拿、波羅尼亞等地創作。匹薩諾是中世紀意大利首位具個性的創作者，據其對古代彫刻的熱心研究及對自然的敏銳觀察力，具有量感、力感的人體被表現出來，爲原有的意大利彫刻注入了新生命。匹薩諾之子喬凡尼(Giovanni Pisano, 約1250-1320)亦爲彫刻家、建築家。傳承其父之學，主要活動於西耶拿、比薩一帶。他的彫刻異於其父帶有古代風格的作品，而爲寫實的，表現出強烈的動態與感情，對十四世紀的彫刻有相當大的影響。——譯註

素，在羅摩崇拜裡似乎也倒退到幕後去。《羅摩耶那》也提供了
哲學思辨的契機。以此，羅摩部分是哲學的教養階層，部分是(反
之)無教養的廣泛大眾所勸請的、普遍性的救苦救難者，採取的方
式則爲徹底儀式主義的祈禱。相反的，無學識但富裕的中產階級
所特有的、虔敬的救世主信仰，似乎打一開始就與性愛的或秘密
性愛的克里什那崇拜緊緊結合在一起。

　　前文已敘述過，對於救世主的"信仰"，亦即個人對救世主之內
在的信賴關係，是如何在薄伽梵派(Bhāgavata)的宗教思想裡成爲最
顯著的特點。後續的發展則添加上一位超世俗的人格神毘濕奴。
毘濕奴在吠陀經典裡是相當不重要的古老太陽神和豐饒神，但薄
伽梵派的古老神祇卻被人視同爲毘濕奴，而神話中的救世主克里
什那亦被視爲其最重要的化身[34]。不過，要點毋寧是在於虔敬心這
個新的特質——早在《摩訶婆羅多》的後期添加部分裡即已開始
發展。神聖的知識與靈知，儀式義務與社會義務的履行，禁慾苦
行和瑜伽冥思，這些全都不是獲得至福的決定性手段。要獲得至
福唯有透過"**信愛**"(bhakti)，亦即：以熱烈的虔敬之心內在地獻身
於救世主及其恩寵。

　　這種祈禱的虔敬心，有可能早就是與薄伽梵派相異的一個宗
派——薄伽塔派(Bhakta)所固有的。不過，此種情感早與史詩最後
的編纂時所浮現的恩寵教說結合在一起。信愛的恍惚狀態，乃是
由狂迷、特別是性的狂迷之道流轉而來，這是無庸置疑的，因爲
克里什那崇拜者的性狂迷，即使在婆羅門將之昇華爲對神的眞誠
祈禱後，仍然一直延續到近代。所有的種姓一起共食犧牲祭品的

---

[34] 此種認同顯然在早在Megasthenes時代(西元前三世紀)即已完成。

Mahāprasāda聖餐式，正如先前提及的南印度左派種姓的Jaganath狂迷一樣，是婆羅門之前的古代儀式的明顯遺跡，並且在幾乎所有真正的信愛的宗派裡都可以看得到[35]。

關於毘濕奴教各宗派裡隨處可見的性狂迷的痕跡，我們還得再談談。尤其是後面還要提及的柴坦尼雅(Chaitanya)之復興大眾的信愛信仰，眾所週知的，此一復興原是要挖掘大眾最粗野的性狂迷之道的根基，不過，本身仍帶有性狂迷的性格。特別是信愛的心理學性質本身，爲此提供了證明。按照規定的階段性步驟，應該通過三個(或四個)其他的感情性的持續狀態，然後最終達到一種對救世主的內在感情關係[36]，就像獻給愛人的性愛戀情那樣。以此，取現實的性狂迷而代之的，是在幻想狀態下的秘密性愛的享受。爲此目的，古老生動而性愛的克里什那神話，被逐漸地增添上秘密性愛的特色。

據傳，以牧人戈文達(Govinda)爲主角的青年冒險故事，和他的牧女戈比(Gopī)們，自古以來即爲克里什那神話和(毋寧更是)克里什那滑稽劇的中心主題。經由里克特(Rückert)的翻譯而廣爲歐洲人所知的戈文達之歌(*Gitagovinda*)，本是此一冒險故事的一種火熱

---

[35] Sir George Abraham Grierson, *Journal of Royal Asiatic Society* (1907, p. 311)。他認爲此乃次發性的事物，亦即有可能是在Nestorius教派的影響下才形成的。此一見解，毫無反駁餘地。

Nestorius教派，中國稱之爲景教，西元五世紀時的敘利亞大主教Nestorius所創，主張基督之神性與人性分別存在。──譯註

[36] 柴坦尼雅教派裡宗教成就的幾個階段依次是：1. śānta(冥思)，2. dāsya(對神的積極事奉)，3. sakhya(像對自己朋友的感情)，4. vātsalya(對父親那樣的感情)，最後，5. mādhurya(像少女對愛人懷抱的感情，亦即女性特有的態度)。

色情的詩歌表現。不過，毫無疑問的是，作爲後世所添加一種特色，某些基督教的傳說(尤其是伯利恆派宗教騎士團的青春故事)裡所表現的眞摯感情，亦是此種性愛的救世主信仰的昇華與純化[37]。"信愛"之於古薄伽梵宗教的主知主義救世論，大概就相當於是虔敬派(特別是欽岑朵夫的虔敬派)之於十七、十八世紀威騰伯格(Wittenberger)的正統派。信仰中男性的"信賴"，被人們對於救世主的女性的感情所取代。

　　面對提供此種救贖狀態的救贖確證(certitudo salutis)，其他一切的救贖之道無不退讓。無論是吠檀多派的advaita救贖，還是彌曼差派之藉行爲的正當化，甚或數論派救贖的冷靜知識，全都不在信愛實踐者的考慮之內。印度教裡所有基於虔敬意識的儀式行爲或其他任何的救贖實踐(一如見之於各個獨特的信仰宗教意識裡的)，唯有在其最終和救贖的神或救世主有所關連時，方有價值——薄伽梵派宗教早已有此明示。不止如此，任何宗教實踐最終唯有成爲產生出唯一關鍵性救贖狀態的技術性救贖手段時，方才具有重要性。

　　在此意義上，不管怎樣，只要是眞正的皈依，一切皆可把來作爲手段。此一恩寵宗教的神學，正相契合於歐洲所熟知的論述。此即"貓兒派"理論與"猴兒派"理論的相對立，換言之，母貓用嘴銜起小貓的不可避免的恩寵(gratia irresistibilis)，相對於小猴緊抱母猴之頸的合作的恩寵(gratia cooperativa)[38]。"理知的犧牲"總是

---

[37] 基督教確實見之於六世紀的南印度和七世紀的北印度。

[38] 參見Grierson, I.R.A.S., 1908, p. 337 f.。他也翻譯出Pratapa Simha於1866年出版的現代神學著作(見I.R.A.S., 1908)。他認爲信愛教說首先傳布於南印度的說法(I.R.A.S., 1911, p. 800)，尚有爭議，不足採信。

被要求的，換言之，「不應該以人類的理性來勉強解釋吠陀的命令」。"行爲"，相應於《薄伽梵歌》的教誨，唯有在"不帶利害關心"(niskama)的情況下，才具有價值。"帶有利害關心"(sakama)的行爲會牽動業，反之，"不帶利害關心"的行爲則會引動信愛[39]。

根據已被昇華的信愛理論[40]，真正的信愛，亦即神的愛，最終是在完全擺脫不淨的思惟與衝動——尤其是忿怒、嫉妒與貪慾——中，而得到確證。此種內在的純淨，產生救贖確證。要達到此一結果，個人必須致力於追求持續性的救贖狀態，而不是急切地與神或救世主恍惚忘我地合而爲一——這在知識階層尤其如此[41]。

羅摩挐遮的信徒後來分裂成南北兩派，北派信徒認爲靈魂抓住神，像幼猴抱著母猴不放一樣，而南派信徒則説，神拾起無所依靠的消極靈魂，就如母貓銜起貓兒一樣。因此這兩種教義稱爲"摩迦多尼夜耶"與"摩闍羅尼夜耶"，即"猴兒論"與"貓兒論"。後者產生了有害的"多沙波克耶"教義，説神喜好罪惡，因爲這樣就可以擴大他表現恩惠的範圍。參見王爾德的《獄中記》：「基督通過他具有的某種神聖本能，似乎總是喜歡罪人，認爲這是最接近於完善的人。……以世人尚不理解的一種方式，他認爲罪惡和痛苦本身就是美麗神聖的事情，也是完善的形式。……如果有人問基督，他一定會説：我確實相信，當浪子回頭下跪哭泣時，他玩弄妓女耗費資財，放牧豬群無料可食的時刻，都成了他一生中美麗神聖的時刻」。參見Charles Eliot著，李榮熙譯，《印度教與佛教史綱(II)》，p. 380。──譯註

[39] 一個適用的比喻是：爲了賺取佣金的雇工若自己造成損失，就必須自行賠償，反之，作爲主人之財產的家內奴隸若造成損失，則由主人來負擔(福音主義派在有關行爲的審判時也用類似的比喻：「他們自有其報償在其中」)。

[40] 譬如Śāndilya的《金言集》(*Bhakti-sūtra, Journal of Royal Asiatic Society,* 1907, p. 330)。

[41] 一則十三世紀的毘濕奴派碑文(*Epigraphia Indica*, VII, p. 198)裡，這麼記載著：「我一點也不冀求宗教上的成就和財富的積累，也不冀求感官

除了儀式主義的婆羅門的救贖之道Karma-mārga、冥思性的婆羅門
的救贖之道jnāna-mārga、(愈來愈多的)無學識階層的恍惚的救贖之
道yoga-mārga之外，bhakti-mārga如今也成爲一門獨立的救贖手
段。其間，最爲醇化且經倫理理性化的各種形態，對峙於基本上
大量涵攝著信愛狀態的其他形態。因爲，"信愛"乃是一種至福的
形態，普遍擴及於毘濕奴派印度教的每一個階層裡——部分而言
甚至越出這個範圍[42]，至今恐怕是印度境內非純粹儀式主義的救贖
追求裡，分布最爲廣泛的一種形態，儘管無論哪一種形態，在古
典的婆羅門傳統看來，都只是一種非古典的救贖方法。作爲一種
感情性的救世主宗教意識，這自然是無學識的中產階層所偏好的
救贖追求的形態。幾乎所有毘濕奴派出身的印度教改革者，都曾
致力於以某種方式來促使信愛救贖追求昇華(成爲秘密性愛的形
態)[43]，或者反之，使其大眾化，並且使之與古老的吠陀儀式主義

的快樂。哦，神哪，先前的所作所爲，該有什麼報應就有什麼報應
吧。我所求於汝者唯此：但願於任一來世中，生生不息且永遠不變地
崇奉於汝之蓮花足前」。換言之，全心眞意地祝禱神的虔敬感情，本
身即是目的。同時，此一碑文也顯示出所有純粹的信仰宗教(包括路德
派在內)所特有的那種態度，亦即：消極的生命態度。

[42] 因爲，至少在南印度，濕婆教也極爲致力於信愛的培養，並且是一種
強烈苦行取向且以此爲基礎而產生的虔敬感情的核心地。在此，濕婆
並不是靠著宗教成就，而是單只靠恩寵方能接近的神，而救贖並不是
吠檀多派所指的那種一心思念濕婆，而是逗留於濕婆之處。因而與毘
濕奴的競爭在此尤爲激烈。參見Senathi Raja, 6. Orientalisten-Kongreß,
1883, Bd. III, p. 291.

[43] 毘濕奴教寺廟的壁畫比較不那麼玄奇詭異，但也和濕婆教寺廟的壁畫
一樣簡明且時而極端猥褻。

相結合[44]。在南印度，關於信愛的職業教師阿爾瓦(Alvar)，和從事討論的教師阿闍梨(ācārya)是有所區分的。當然，從後者那兒產生出最不以"虔敬主義"—感情性為取向的改革者。

　　特別屬於這一系列的，是奠基於羅摩信仰崇拜的兩位毘濕奴教最重要的教派創立者——羅摩拏遮(Rāmānuja, 十二世紀)與羅摩難德(Rāmānanda, 十四世紀)。他們都是婆羅門，也都是過著遊方生活的教師，並且採取和商羯羅阿闍梨完全相同的手法，以組織和訓育托缽僧團的方式作為向大眾教化其救贖教義和鞏固信徒的手段。據說羅摩拏遮傳下74名(甚或89名)導師，他們是他個人的親炙弟子和親手指定的靈魂指導者，而他的組織之強韌，似乎是因為此乃奠基於**世襲性**的層級制上。自此之後，除了濕婆派的托缽僧所用的Dandin與samnyāsin的名稱外，Vairāgin一詞即(多半)被用來指稱其毘濕奴派的競爭者[45]。

　　羅摩拏遮的教義，在關於世界與神的詮釋上，是不同於商羯羅的。商羯羅的吠檀多體系認為：在終究屬於幻相世界的人格神的背後，是無以探求且無屬性的梵天。羅摩拏遮卻認為：這個世界決非宇宙幻相，而是神的身體與啟示，人格神(Parabrahman)乃是實在且為世界的主宰，而不是幻相世界的一部分，實體上既不

---

[44] 《毘濕奴‧富蘭那書》可說是這方面努力的一個例子(英譯本見Wilson, 1864)。

[45] 此一名稱(特別是以Vaisnava之形)，和Yogin(按：瑜伽派的修道僧)一名一樣，部分而言成為因俸祿化和世俗化而產生的小種姓的名稱。一般而言，毘濕奴派修道僧的苦行，相應於其宗教意識的性格，較不像濕婆派那麼嚴格。尤其是羅摩難德的Vairāgin修道僧(Vairāgin意指"逃離現世的")，在入信禮時不分任何種姓皆授與聖帶，後來多半娶修道女為妻妾，並且在其廣大且富裕的僧院裡過著相當世俗的生活。

同於精神性的東西(cit, 按：個我)，亦不同於非精神性的東西(acit,
按：物質)。幻相與非人格的神，皆爲"沒有愛的"敎說的產物。以
此，被許諾的救贖財，便不是融入於神，而是不死滅。因此，羅
摩拏遮之最具影響力的宗派，稱爲"二元論派"(Dvaitavādin)，以其
主張作爲實體的個我本質上相異於神，因而作成不可能融入於神
(亦即吠檀多派的涅槃)的結論。

　　緊跟著《薄伽梵歌》之後的哲學思惟，在毘濕奴敎的羅摩派
的知識階層那兒，比在克里什那派那兒得到更大的發展。特別是
北方派(Vadagalai)與南方派(Tengalai)之間的鬥爭尤爲劇烈：北方
派是合作恩寵說的信徒，也是具有梵文敎養的修道僧；南方派是
不可避免恩寵說的信徒，亦即以坦米爾語爲聖典語的修道僧。後
面這個學派表現出極爲漠視種姓差別的態度。按照羅摩拏遮原本
的敎說，眞正的"信愛"之獲得，是要與古老正統的冥思"upāsana"，
亦即吠陀敎養，連結在一起的，因此並不是首陀羅能夠直接入手
的。首陀羅唯有透過"prapatti"，亦即出於完全無助之情而無條件
地皈依於神，方能得到救贖，爲此，接受具有吠陀敎養的導師(作
爲中介者)之指導是絕對必要的。接受此種指導的低下階層，由於
缺乏情感的動機，所以在他們那兒，純粹依憑祈禱咒文的儀式主
義，便與形形色色的動物崇拜(譬如史詩裡的神猴[46])結合在一起。

　　和濕婆派的競爭有時(特別是在羅摩拏遮之下)無比劇烈與慘
痛，相互間的迫害與驅逐、宗教的論難、以消滅對方爲宗旨的競
相建立僧院與改革僧院等種種事端，實在不勝枚舉。毘濕奴派導
師的紀律，部分而言是不甚一貫的，在整體上比濕婆派較少苦行

---

[46] 指的是《羅摩耶那》裡的主要角色之一，神通廣大的猴子訶曼奴。——
　　——譯註

的成分。尤其是毘濕奴教與所有印度教徒都熟知的世襲性卡理斯瑪原則，有著極爲密切的關連，因此，打一開始便建置導師爲世襲性的教權層級制。導師的個人權力，在毘濕奴教的各宗派裡一般都相當強大，整體而言，比在濕婆教裡更爲發達。這與毘濕奴教的宗教意識的性格相呼應，換言之，一方面要求對權威的獻身[47]，另一方面不斷地鼓動虔敬主義的"信仰復興"。世襲性的導師權力，在羅摩拏遮的宗派裡起先似乎是分布很廣的，這個宗派的導師家族至今仍部分存在(在Conjeveram)。

羅摩拏遮的改革，在內容上主要是針對陽具(靈根)崇拜。被他視爲非古典的咒物崇拜，如今以另一種狂迷昇華的形式來取代，特別是往往被當作秘密紀律來進行的祭典餐會。不過，和羅摩派的虔敬情感裡的救世主性格相呼應的，是出現一種祈禱咒文，以作爲(包括勸請救苦救難聖人在內的)祈禱手段：主要是流行於羅摩難德的羅摩派裡——此一宗派，不止在這一點上，尚有其他許多方面，都不同於羅摩拏遮的儀式規律。結果，"曼陀羅"，亦即以少數字眼或一個無意義的音節所構成的勸請形式，有時便獲得了層出不窮的多樣意義。以此，克里什那和性狂迷的古老痕跡，便由於此種有利於羅摩崇拜和專用於勸請羅摩的祈禱咒文，而全告消失。一般而言，羅摩崇拜在性方面是純淨的，其女性神祇是貞潔的女神，在這一點上，完全相對於克里什那崇拜，相對於其狂迷的性愛和對克里什那愛人的心神相與。

另一方面，在羅摩難德的布教裡，首先原則性地揭示出一項重大的社會革新，亦即：打破種姓的藩籬。除了我們就要提及的

---

[47] 然而南印度的信愛的濕婆教裡，祭司權力比較上是有限的(參見Senathi Raja, *6. Orientalisten-Kongreß*, 1883, Bd. III。

例外，所有的宗派並未在日常的社會組織和日常的禮儀上侵害到
種姓的制約。唯一觸犯到的一點，是允許下層種姓取得導師地位
的問題。如我們所見的，刹帝利時代以來的遊方說教的哲學家、
論師與救贖教說者，幾乎全都是貴族階層的俗人，並且往往都是
年老時或暫時性的過著一種苦行和遊方說教的生活。異端，特別
是佛教，對於加入教團的資格，原則上並不在乎種姓的歸屬，並
且創立了"職業僧侶"。婆羅門的復興固然是繼承了後者，但是在
加入哲學學派和僧院，以及導師資格的認定上，仍然堅持婆羅門
種姓出身的要求。濕婆教的各宗派——至少官方所承認的宗派，
大體上也維持相同的立場。首先起而公然排斥這點的，是羅摩難
德。

　　回教的外來支配突然襲捲印度，當然也從中扮演了一定的角
色。此一回教支配，如先前所述的，以殲滅、改宗或剝奪政治權
利等方式來對付世俗貴族，而唯獨繼承本土古老傳統的宗教權力
(包括婆羅門)的地位整體上毋寧是強化了，儘管兩者也相爭得厲
害。雖然如此，婆羅門的外在權力手段確實往下滑落，而教派創
立者卻比以往更加著意於與大眾緊密連繫。雖然直到羅摩難德爲
止，所有有力的印度教教派創立者，全都是婆羅門出身，並且，
就吾人所知，唯有婆羅門被承認爲門徒與導師，但羅摩難德打破
了此一原則。

　　根據傳聞，在羅摩難德的親炙弟子裡，有個拉吉普出身的Pīpā，
一個甲特族(Jat)的Dhanā，一個織工Kabīr，甚至一個Chāmār(鞣皮
工)出身的Rai Dāsa。然而，比起此種非婆羅門要素之——歸根究
底根本就從未完全斷絕過——混入托缽僧生活的情形更加重要的
一個現象是：自此之後，不管是以怎樣的形式，各種教派事實上

全都是以依照身分或職業之不同、而劃分開來的無學識階層爲基礎而發展起來。史曼爾塔(Smārta)派本質上之爲一個純粹的婆羅門宗派，和其作爲"學派"的性格相關連。在以羅摩難德爲開山祖師的各宗派當中，正是冠以其名稱的那個宗派(Rāmānandin)，對其改革的"民主"傾向恰恰採取獨樹一格的反動姿態，後來，得以加入此一宗派者只限於貴族階層，亦即婆羅門與被歸類爲刹帝利種姓者。屬於羅摩派而最具聲望的托鉢僧階層Āchārin，同樣的也僅限於婆羅門出身者。他們是純粹儀式主義的。另一方面，由羅摩難德之鞣皮工出身的弟子Rai Dāsa所創立的宗派Rai Dāsa Panthī，相應於其社會情境，基於信愛的虔敬心而發展出社會的、慈善的愛的無等差主義，也基於與婆羅門對抗的意識而發展出對祭司權力和對偶像崇拜的拒斥。和這些受鄙視的職業種姓的社會狀況相呼應的，傳統主義與順應於世界之不變秩序的態度，成爲極爲多數的教派所抱持的基調[48]。

　　Malūk Dāsī派得出寂靜主義的結論，而Dādū Panthī派——由洗濯業者於十七世紀所創立的羅摩難德宗派之一——則由《薄伽梵歌》的教說裡得出嚴格宿命論的歸結：人沒有必要刻意追求天堂或地獄，因爲一切都是注定的，唯有精神性的愛羅摩的能力，以及克制貪慾、幻想與傲慢，方能保證恩寵狀態。這個宗派除了嚴格恪守一無所有的托鉢僧(Virakta)之外，尚有居於印度君主(Rāja)的傭兵(Nāgā)之位的階層，以及第三，從事市民職業的階層(Bhistu Dhari)。

　　最後，由羅摩難德的弟子Kabīr所創立、特別在織工種姓當中

---

[48] 事實上，他們的宗教意識基本上很快就變成鬼神信仰，而"信愛"也成爲巫術手段。他們的聖典是由諸富蘭那書編纂而成。

廣爲傳布的敎派Kabīr Panthī，基於拒斥婆羅門的權威且拒斥一切
印度敎的神祇與儀式，而導出一種嚴格的和平主義的——令人聯
想起西方敎友派(Society of Friends)[49]的——禁慾的救贖追求：愛惜
一切生命、避免虛妄之言且回絕所有的世俗享樂。此處，和西方
一樣，限於家內規模的紡織手工業，以其具有冥思的機會，似乎
是助長了此種幾乎完全棄儀式於不顧的宗敎信仰。不過，和印度
敎之基調相對應的，此種宗敎意識並未採擷積極禁慾的性格，而
是虔敬地崇拜其祖師爲救苦救難的聖人，並且以絕對服從導師爲
首要道德。因此，西方性格裡那種"內在於現世的"、自律的生活
方法論，在此是不可能的。

　　這些敎派的某些部分所共通的特點正是**對經濟活動的鄙視**，
以及，當然，尤其是針對軍事方面。

　　換言之，具有新興印度敎之宗敎意識的托缽僧與苦行僧，亦
促成了一種現象，此一現象在亞洲、特別在日本的佛敎徒身上、
但最爲首尾一貫的是在回敎的苦行僧(Derwisch)[50]那兒發展出來，

---

[49] 敎友派又稱爲貴格派(Quaker)，是十七世紀中葉由George Fox(1624-
1691)創始的一個基督敎敎派。是一個強烈反對制度宗敎的新敎敎派：
一方面，它憎恨敎會的一切儀式、傳統、權威，否認聖禮的價值；另
一方面，它強調個人心中的靈性，視之爲信仰的最高權威，強烈批評
喀爾文敎派的悲觀、消極態度，敎義是以"內在之光"爲其中心論點。換
言之，人只有在透過聖靈而被賦予"內在基督"、"來到此世照耀一切人
身上的內在之光"後，才能體悟聖經的眞理。屬於虔敬主義的一派，由
於祈禱時使虔敬的身體顫抖，故稱爲"quaker"。1682年，政治家威廉潘
(William Penn, 1644-1718)率領大批貴格派人士移居美國賓夕法尼亞
州，並依其宗敎及政治理想組織殖民地團體，實際掌握該州政權。——
——譯註

[50] 或作Dervish，中譯"得未使"，原來是"貧者"之意，不過並不單指物質上

亦即：修道僧的信仰戰士，此乃教派競爭的產物，也是外來支配
(起先是回教，後來是英國的支配)的產物。相當多的印度教教派發
展出所謂的"Nāgā"類型，這是裸身但武裝的、在一個導師或法師
(Gosāin)的嚴格統制下宣傳信仰的苦行僧。若就種姓歸屬而言，他
們一方面是"民主主義的"，另一方面，如Dādū Panthī派的Nāgā，完
全只限於"再生"種姓。他們的確給英國人帶來不少的麻煩，但彼
此間亦反目成仇而血戰不已。譬如發生在1790年印度本土治下的
一場濕婆教的Nāgā與Vairāgin之間的鬥爭，前者將後者逐出哈德瓦
(Hardwar)大市場，且讓後者的一萬八千人死於戰場。同樣的，他
們也再三再四地攻擊英國的軍隊。他們部分發展成盜賊集團，靠
著居民的獻金過活，部分則發展爲職業傭兵[51]。信仰戰士教團的這
種發展，最具重要意義的一個實例是錫克教徒(Sikh, 亦即宗派創
立者及其後繼導師之"弟子"的意思)。他們直到1845年臣服之前，
曾於旁遮普省主政過一段時期，並在那兒創建出一個獨具一格的
純戰士國家。不過此處我們並無意再追索這個本身相當有意思的
發展。

　　對我們而言，比較重要的毋寧是其他幾個教派組織——奠基
於毘濕奴派的救世主宗教上的教派組織，尤其是瓦拉巴(Vallabha)[52]

　　的貧窮，而另有"求神之恩寵者"與"信心深者"之意。得未使在修道院裡
　　過著集體生活，靠捐獻與托缽爲生。——譯註
[51]　Nāgā，包括Malabar出身的首陀羅居民大眾在內，大體上是君王的傭
　　兵，同時由於有組織的休假制度，也是農民。他們的教養身分相對是
　　高的，多半是素食主義者，並且是克里什那和羅摩的崇拜者。
[52]　瓦拉巴(Vallabha, 1479-1531)，毘濕奴教派中薄伽梵派的一個導師，他
　　註釋毘濕奴教的聖典《薄伽梵塔・富蘭那書》，而開創了強調崇拜克
　　里什那之愛人神娜達的宗派。他的子孫繼承了他的教團，其中最爲有

和柴坦尼雅的弟子們所成立的敎派。為對抗婆羅門之獨占冥思的
救贖手段，這些全都是狂迷之道的復興。二者皆顯示出，在悖離
婆羅門的儀式主義與避世的冥思之餘，並不走向積極入世的禁慾
苦行，而是走向**非理性的**救贖追求的狂熱裡——儘管引進了超越
世界的神。

　　十六世紀初由婆羅門瓦拉巴所創立的敎派，稱為瓦拉巴阿闍
梨派(Vallabhācārya)，或 Mahārāja 派，或 Rudrasampradāya 派，至
今，至少就重點而言，是個商人與銀行家的敎派，主要分布於印
度西北部，但也擴及於全印度。此一敎派傾心於克里什那崇拜，
其救贖追求的手段，和主智主義的傳統相反的，並不是苦行或冥
思，而是洗練昇華了的克里什那狂迷——一種嚴格的祭典主義。
根據創敎者的敎導，並非清貧、獨居、污穢和美的鄙視，而是相
反的，正確地運用榮耀、地上的歡樂與美好，方為鄭重地敬奉
神、得以與神結成共同體的手段(pustimārga, 類似聖餐禮的救贖敎
義)。同時，他也以下面的規定，大大地強化了導師的意義，亦
即：唯有在**導師的**家裡，某些最重要的典禮方有可能以有效的方
式來舉行。每日八次的造訪，有時是必要的。

　　瓦拉巴本身立他其子維他那薩(Vitthalnātha)為其身後的領導者，
後者諸子則分立各派來繼承這個導師王國。其中最有力者為繼承
哥古拉薩(Gokulanātha)的法師們的 Gokulastha 派。位於 Ajmer 的 Steri
Nath Dwar 寺院，是此派的聖地中心，每個敎徒一生當中都應該來
朝聖一次(顯然是摹倣麥加的朝聖)。導師對信徒的權力是極大的，
1862 年發生在孟買的一件醜聞訴訟案件就說明了下面這個事實：

力的一支是他的孫子哥古拉薩的系統。——譯註

導師有時可以對女性的教團成員行使初夜權，此時，按照古老的狂迷慣習，神聖的性交要在教團成員的面前進行[53]。

肉食與酒的狂迷已被昇華爲精緻烹調的聖餐，性的狂迷也產生同樣的轉變。印度教富裕的商人種姓，尤其是邦尼亞(Bhaniya)這類的富豪階層，自然是偏好這種敬奉神的方式。他們絕大多數是屬於這個在社會上相當閉鎖的教派[54]。此處，極爲明顯的是：禁慾的宗教意識，根本完全不是如我們所一再主張的，由市民的資本主義及其職業代表者的內在"本質"**產生出來**，其實剛好相反。有"印度的猶太人"之稱的邦尼亞[55]，正是此種明明白白反禁慾的——部分是快樂主義的、部分是祭典主義的——崇拜的主要擔綱者。救贖目標與救贖之道，被分爲幾個階段，和信愛原則相對應的，全然取決於"pusti"，亦即：恩寵。以獲得恩寵爲取向的"pustibhakti"，可以單只是現世內的、儀式性的行爲之端正(pravāha-pustibhakti)，或是一直獻身於對神的事奉(maryādā)——這可導致"sayujya"，或是靠一己之力獲得那帶來救贖的"知識"(pusti-p.)，或是，最後，藉著純粹的恩寵而授與熱情的信奉者以救贖(śuddha-p.)。以此，人們就可以上升天堂而和克里什那共享永遠的歡樂。這樣的救贖之道，壓根兒不是倫理理性的。

儘管此種崇拜的"精神"並不怎麼符合婆羅門的傳統，但是的確

---

[53] 這個商人教派的法師以定出其服務的價碼見稱，譬如准許喝導師的洗澡水，要價17盧比，"和導師關室密談"的特權，要價50-100盧比(參見J. N. Battacharya, *op.cit.*, p. 457)。

[54] 理論上，除了鞋匠、縫紉工、洗衣匠和某些下級的理髮師種姓之外，任何種姓都可以加入這個教派。實際上，只有有錢人方可加入，並且主要是邦尼亞階層。

[55] 特別是Gujarati族和Rastogi族的邦尼亞。

吸收了相對而言較高級的、諸如Deshasth的婆羅門來加入，著眼點在於極為豐厚的俸祿，此種俸祿代表著教派寺院的地位。教團裡的精神領導者——法師，確實是可以結婚的，但在一般的方式下，他負有不斷巡迴視察其教區的義務。由於法師本身多半是大商人，所以此種巡迴各地的生活成為有利於生意往來上的交涉與結算的條件。此一教派在地區間緊密的組織，一般而言成為直接有利於其成員之商業往還的重要因素。除了帕西教徒(Parsi)[56]與耆那教徒之外，此一教派——基於完全不同於他們的因素——擁有最大多數的印度教大商人階層的信徒。

由於瓦拉巴阿闍梨派排除下級種姓，其聖餐禮(pusti-mārga)又花費甚鉅，因此使得濕瓦米‧那拿耶那(Svāmi Nārayana)所創立的徹底道德主義的教派，可以趁機在下級階層和中產階層裡，再次重創瓦拉巴派。

另一方面，北印度東部直接與瓦拉巴阿闍梨派相對抗的克里什那狂迷，在某些教派裡得到發展，這些教派可以溯源自十六世紀初的一個出身於婆羅門的人物柴坦尼雅(Chaitanya)。他本身顯然是個患有癲癇症的狂迷忘我者，倡導的是克里什那與缽羅摩特曼(paramātman)為一體之說，後者乃非創造性的世界精神，不斷地以無數的暫時姿態顯現。其吸引人的重要新手段是Samkīrtana，一種合唱的大遊行，特別是在大城市裡成為第一級的民族祭典。同時又有默劇或戲劇的舞蹈形式。素食與禁酒，至少是上級階層所固守的

---

[56]　或作Parsee，是印度的祆教徒。西元七世紀時，回教徒侵入伊朗，一部份的祆教徒逃到印度，形成封閉性的共同體以維持其信仰，被稱為帕西教徒(由"波斯"一詞而來)。據說今天仍有十餘萬人，有許多活躍於企業界。——譯註

戒律，特別是卡雅斯特(Kayasth, 書記)和潔淨的首陀羅(Satshudra, 禮儀上潔淨的手工業者)，另外譬如在奧利薩省(Orissa)，古來的釀酒業種姓(現在多半是商人)亦成爲此派的重要擔綱者。

世襲導師制的原則亦爲此一革新教派所遵守。至少在北印度，尤其是孟加拉一帶，這是最受民眾歡迎的教派。相對於怛特羅之道，這個教派裡沒有任何祕法存在，亦相對於高貴的知識階層，而欠缺對神聖知識的任何欲求(沒有梵文！)。任何人都可以不借助於他人而進行信愛的禮拜。在大眾的宗教意識裡，具支配性的則單只是性的狂迷。由下級種姓出身者所構成的柴坦尼雅派的成員裡，就數量而言，最重要的階層是毘濕奴教徒(在孟加拉有一千萬到一千一百萬人)，並且全體都是以狂迷的方式來勸請克里什那(譬如：Hari, Hari, Krisna)以及羅摩，不過他們(至少其中的大部分)同時也以性的狂迷來作爲自我神化的主要手段，尤其是Baul派且將性狂迷的此種作用加以絕對化。

Sahajiyā派，在性狂迷之際，將所有男性皆視爲克里什那，而所有女性皆爲娜達(Rādhā, 克里什那的愛人)，Spasta Dāyaka派則有可供異性相接觸的僧院作爲性狂迷的場所。另外，在一些較不那麼顯著的形式裡，亦可看到克里什那狂迷的痕跡。在某些崇拜裡，除了克里什那之外，特別是將娜達提升到中心的地位——這些崇拜，在幾乎全印度，而不止限於毘濕奴教派，至今仍被視爲一般的民族祭典而加以慶祝。《薄伽梵塔·富蘭那書》(*Bhāgavata-purāna*)第十卷——相當於舊約聖經裡的〈雅歌〉，描寫著克里什那與娜達的愛情生活，作爲神與人的靈魂彼此間神祕之愛的象徵。上述這些祭典即以歌謠、舞蹈、默劇、五彩碎紙和性狂迷的解放方式慶祝。

將純粹**入世的**行為評價為救贖方法的這種結論，只出現在幾個式微中的小毘濕奴教團裡。最早先的恐怕就是威爾森(H. H. Wilson)[57]所提及的摩陀婆派(Madhva)。此派所信奉的是十三、十四世紀時的婆羅門摩陀婆(斯陵吉里修道院的院長，也是Vijayanagar王的大臣)所創始的教說。摩陀婆是毘濕奴教徒，吠檀多派的論敵，羅摩派之非古典的Dvaita(二元論)教義的信奉者[58]。不過，他所指的二元論自然不是"善"與"惡"或"神"與"被造物"的對立，而是無常的個我與永恆的存在之間的對立。然而，至少就人類的奮鬥而言，所謂實在(Reale)，並不是永恆的存在，而是相反的，個我。

個我是永恆且無可逆轉的。婆羅門的教義，尤其是吠檀多所謂的歸入於形體上永恆的"存在"，對人類而言是沒有的事。因此，婆羅門的救世論裡的所有前提，全被棄置。人類必須在此世的生活裡創造出自己的救贖。自我神化是無法達成的，歸入於神而與神合一，亦是不可能實現的，因為永恆的神是絕對超現世且超人類的。瑜伽和主智主義救世論的一切精進，全屬無謂，因為神是對正確的行為施加恩寵的。以此，西方意義下的、積極入世的行為的倫理大道，似乎便因而暢行無阻了。儘管如此，在此，冥思仍被視為最高的救贖手段，而唯有"毫無利害關心的"行為方能免於罪惡。況且，此中仍保持著印度教的神義論之一般性的前提——輪迴與業報。此外，尚有具備神聖(吠陀)知識的靈魂司牧者對於信徒的絕對權威。的確，資格完備的導師所具有的卡理斯瑪，正是在此教義裡被提升到最高點，並且被當作是可以抵押或

---

[57] *Religious Sects of the Hindus*, London, 1861. 我沒有辦法看到原始資料。

[58] 關於摩陀婆，參見Balfour, *Cyclopaedia of India*, Vol. II, p. 766。

出售給條件俱足的信徒的一種人格財產[59]。無條件地皈依於導師，
被認爲是俗人的救贖所無可或免的：唯有從導師那兒，而不是從
書本上，方能獲取知識。

四、教派與導師

　　導師之於信徒的優越地位，一般而言，特色獨具地凸顯於婆
羅門復興以來大量形成的印度教共同體裡。此種地位乃承襲自吠
陀教師(guru)之受學生(bramacharin, 梵行者)跪拜的絕對權威。當
時，此種情形只見於敎學活動內部。這些古來的、具吠陀教養的
導師——法典裡都還提到他們，不但是王室及貴族之家庭禮拜堂
的祭司，同時也是王孫公子們的家庭教師，傳授著刹帝利時代的
上流教養。然而，自新興的婆羅門主義之教會改革以來，這種導
師漸被一個往往是平民的、較無學識的秘教者和靈魂司牧者階層
所取代，儘管這正是商羯羅阿闍梨所欲改革的重點。原因在於：
一方面，以學堂和僧院的方式來創造出有組織的遊方托缽僧，另
一方面，導師制度的全面加以實行，很明顯的便是婆羅門(除了和
宮廷的連結之外)得以獲勝的手段。正如反宗教改革的教會透過提
升懺悔強度和教團的建立來重新掌握他們對於大眾的宗教支配力

---

[59] 與普遍分布的濕婆教派相較之下，毘濕奴教各教派的地理分布如下：
羅摩孥遮和摩陀婆的信徒特別是在德干一帶，其他的信徒則分布於印
度大陸，確實地說，瓦拉巴派特別是在西部，柴坦尼雅派在孟加拉，
崇拜羅摩的羅摩難德派在北印度。此種地理的分布很可以明顯看出，
本質上是受到政治情況的制約。毘濕奴教派在南方的相對弱勢，原因
在於摩訶剌侘國的Peschwa是個濕婆教徒(*Cyclopaedia of India*, Vol. I, p.
662)。

量，印度教也同樣藉此手段來擊敗耆那教與佛教的競爭。至少一開始，托缽僧和導師絕大多數都是婆羅門，或者幾乎全都在婆羅門的掌控之下。基本上，至今仍是如此。

導師自大眾教派那兒取得的收入(儘管部分成為王侯的收入)，必然使得婆羅門對於接受此種地位的抗拒大大減低。因此，並非新的教義，而是導師權威的普遍性，成為復興後的印度教的特徵。若完全不計為其所合併的克里什那崇拜和羅摩崇拜，此種印度教可說是別具特殊意味的一種"救世主"信仰。它所提供給大眾的是有血有肉、**活生生的**救世主，亦即作為救苦救難者、顧問者、巫術治療者、尤其是身負特殊宗教價值——無論是透過指定繼承的方式或世襲的方式——而成為崇拜對象的導師或法師。

所有的教派創立者皆被神格化，而其繼承者則成為崇拜的對象，迄今仍然如此。導師階層如今形同婆羅門的典型角色。作為導師，婆羅門是個活生生的神(Thākur)。任何純正的首陀羅都不會錯過機會去喝一口婆羅門腳趾浸過的水或吃一口婆羅門盤子裡剩餘的菜肴。在入教儀式Gāyatrī-kriyā典禮中吃導師的排泄物(據說行之於北印度由刹帝利所創設的Satnāmī教派，直至最近仍行之不誤)，只不過是此中的極端事例。領導某一地區的導師，正如西方教會的主教一般，在其扈從的陪伴下巡訪其(傳統的或甚為明確的)教區，將犯有重罪者處以破門律而赦免懺悔者，並向信徒徵收貢租。不管在哪一方面，導師都是最具決定性的顧問與告解權威。

每個教派信徒都有自己的導師，由導師來授與宗教教育，並藉著傳授曼陀羅(祈禱文)和教派識別標記(烙印或彩繪)的方式接引入教派，以此，信徒在所有的生活環節上都向導師尋求忠告。在克里什那教派裡，每個小孩在6-7歲時都要被帶到導師那兒，由導師戴上念珠串，至12-13歲時舉行相當於堅信禮的samupanayana儀式，儘管所採取的是古來的披掛聖帶的儀式形態(samāvartana儀式)，但就意義而言則是將自己的身體奉獻給克里什那之意。

在經濟上，如先前所說的，導師的教區一方面被視為導師個人的財產，並且如同手工業者的"主顧關係"一般，不止是(多半的情況下)世襲的，而且還是可以讓渡的。在宗教上，大眾的導師崇拜往往取代了所有其他的救世主信仰，換言之，活生生地處於信徒之中的救世主或神，排除了一切超越性的崇拜對象。在日常生活樣式的種種事情上，導師權威的實際作用程度，隨教派之不同而各有差異，不過相當可以理解的是：在平民特屬的教派裡多半極為強而有力。此種制度同時亦提供給異端的密教者以靈魂指導者的身分出現和招來信徒的機會，尤其是自婆羅門失去其政治支配的支柱之後，印度教的改革者也只得忍受這點。整體而言，婆羅門教師的這種平民化，意味著其權力的極度強化。在回教外族支配和迫害的時代裡，導師因而成為印度教大眾一切內在連同外在苦難的堅固支柱，就如同天主教的主教在民族大遷徙及其之前的時代裡的情形。

和此種平民化的發展相關連的，是復興期以來婆羅門階層之地位與組織的激烈變動[60]。早期高貴的婆羅門要不是國王的宮廷祭司(purohita)，就是貴族的家庭祭司，尤其是見之於拉吉普塔那地區(Rajputana)的情形。可與宮廷祭司的高貴地位相匹敵者，首先是婆羅門出身的獨立的教師，其次是藉著"布施"(daksinā)來贖罪的、貴族出身的獨立教師。高級種姓的婆羅門只能夠從貴族種姓那兒

---

[60] 關於決定性的事實，最簡便的辦法是參見Jogendra Nath Bhattacharya, *Hindu Castes and Sects*。

接受布施[61]。另一方面，在種姓順位當中高貴且具備吠陀教養的(vaidika)婆羅門則要求高貴種姓擁有壟斷布施的獨占權(因此被稱為Daksinācāra派)。

如前所述，中世紀的發展為精通禮儀的婆羅門帶來君王與貴族所提供的大量俸祿捐獻，而婆羅門則相應於諸侯貴族的需求提供儀式服務、文書與行政技術、以及教授能力。爭取此種采邑——為禮儀和教授服務所提供的采邑——的本事，自然而然是被種姓最高順位的vaidika婆羅門所獨占。此種領取采邑的資格往往僅限於過著比丘生活者，不過，儘管他們保持著這樣的特徵，但後來，像佛教的"和尚"那樣，捨棄獨身生活而變成世俗僧侶的情形也不少。此種世俗僧侶只不過在出身上和吠陀教養上有所不同於沒有資格領取俸祿的俗人婆羅門(被稱為Laukika或Grhasta)。在這些俗人婆羅門當中，最最高貴的是那些以行政服務的功勞而獲取世俗采邑者，例如比哈爾和班納爾地區的Bhuinhar婆羅門(名稱源自bhūmi, 意即土地采邑)，以及其他地方的類似階層。

前面提過，所有的寺廟祭司(在孟加拉稱為Madhya)都被降格。原因之一，是他們不上道的種種作為全不以吠陀教養為前提，也因而多半無此教養，另外，也因為他們靠著低下的、往往是不淨的種姓的布施來維生，有時布施甚至是來自潔淨程度不明的外族

---

[61] 對那些不希望自己的品位大幅跌落的婆羅門而言，其接觸的極限範圍只到"潔淨的首陀羅"(Satsūdra)。這個種姓所提供的布施只能在某種情況下被接受——例如在孟加拉，只有當布施的量**非常大**的情況下！不過，最高貴的(婆羅門)是從來不接受首陀羅施物的"Asūdra pratigahi"，他們往往瞧不起"Sūdra-yājaka"(為首陀羅舉行祭禮者)。

朝聖者[62]。在純粹的婆羅門當中，擁有高等順位——根據他們本身的主張是最高順位——的聖法習得者(Pandit)，是負有責任的宗教法律家與審判官，其最高者在外族支配以前的時代裡往往被視為國中的第一人。其地位在復興時期裡，乍看之下也和其他許多源自於喀什米爾的印度教制度一樣，得到進一步的發展。和他們競爭權力寶座者，是卡理斯瑪大僧院的院長，這些院長的"Srimukh"(敎令，相當於回教的傳法者muftī的fatwā[63])，對於特定敎派的信徒而言，具有禮儀問題上的強制性力量[64]。然而，這也只是限定在特定的敎義共同體內部——當然，這指的是包含大多數敎派在內的情況下[65]。

在所有這些古老歷史的婆羅門權勢地位裡，擁有神聖知識即意味著壟斷各式各樣宗教俸祿的資格，而世俗的法學知識與文識敎養則成為肯定獲得俗世地位的資質。

因此，摩訶剌侘國有學識的Bhiksu-deśastha派裡，除了Vaidika之外，還有Śāstrī(法學者)與之並存，其他例如Jyotisika(占星學者)、Vāidya(醫學者)、Paurānika(富蘭那書的吟誦者)等，亦享有同等的順位。次於司禮官之地位[66]，雖非總是但也往往得以決定社會

---

[62] 譬如班納爾地區的某些著名的朝聖地，一班富裕的祭司即是如此。

[63] 在回教，fatwa指的是：以問答體方式表達出來的律法意見。——譯註

[64] 譬如斯陵吉里的僧院院長所下的敎令就對邁索爾婆羅門內部一定集團的種姓歸屬關係具有決定性。

[65] 例如斯陵吉里即是。此一僧院有權對南印度所有正統的濕婆敎派行使破門律。

[66] 屬於此一地位的譬如Sapta Sati：在Adisaur王之前(九世紀)移入孟加拉的七個氏族；或者"Panch Gaur"：整個北印度最高貴的五個氏族。

評價的,是繼承吠陀與梵文教育傳統的交互相關程度[67]。再其次是秘法知識、特別是怛特羅"知識"的程度,這尤其是濕婆派婆羅門的重要權力來源。相反的,瑜伽教育現今在譬如南印度(Telinga地方)仍行於婆羅門(Niyogin)之間,不過也如同其他地方一樣,已不再是一種俸祿資格[68]。擔任聖職的婆羅門和俗人婆羅門之間的區分,並非完全一致的[69]。崇拜的程序內容對於地位的決定作用,是視其重不重視禮儀的程度而定。例如在孟加拉、奧利薩、米提拉(Mithila)和旁遮普等地的貴族婆羅門,儘管是性力宗派,但始終是保持溫和的崇拜形式,亦即雖然參加血食祭獻,但並不享用酒類與煙草。"極端的",亦即飲酒的,譬如在信德和摩訶剌佗國的性力派婆羅門,就被視爲品級較低的。南印度高貴的德拉威婆羅門幾乎全屬濕婆派,這純粹是歷史因素使然;在拉吉普塔那,毘濕奴派的Srīmālī(按:印度西部的商人種姓)特別高貴(因爲純爲雅利安種)。

　　毘濕奴教裡只有某些形態,諸如放棄梵文,或從低下種姓那兒接受布施——兩者多半是同時發生——而導致地位下降,例如柴坦尼雅派的導師即是如此,儘管他們遵守禁酒戒律[70]。誠然,在奧利薩,柴坦尼雅派的(adhikāri, 按:正式的)婆羅門,地位剛好處

---

[67] 例如奧利薩(Orissa)地方最高貴的Kulin婆羅門,是出身於專給Vaidika居住的16(so-daśan)村落(古代由國王所捐獻的村落),其梵文教養不過中等程度。

[68] 在那兒,作爲"Niyogin"的婆羅門很可能是不同於Vaidika的婆羅門祭司。

[69] 在北印度,"世俗的"婆羅門也多半可以作爲導師的身分而取得布施(問題是這往往只牽涉到較低位階的婆羅門)。

[70] 孟加拉古老的釀酒種姓(現多半爲商人)即是守酒禁的柴坦尼雅派信徒。

於Vaikika婆羅門與俗人婆羅門之間，而俗人婆羅門之下則有個儀式上不淨的次種姓(Mathan)。不過，一般而言，身為柴坦尼雅派導師的婆羅門，是遭人鄙視的，原因在於：一來，他們既不起用也缺乏吠陀和梵文知識，連同怛特羅的秘法知識也沒有；二來，他們(多半)從所有的(或幾乎所有的)種姓那兒接受布施。

　　這些普及的毘濕奴教的教派(主要是源自於羅摩難德和柴坦尼雅)，如今將婆羅門的地位推到一種最最一成不變的形態上。首先，本身已相當微弱的統一組織，在正統的濕婆教而言主要是商羯羅阿闍梨的建樹，在毘濕奴教則盡然毀棄。在北印度，趨於衰微的濕婆教已完全看不到宗教首長——例如南印度的斯陵吉里和其他一些僧院裡長駐的僧院院長；因為桑喀什瓦的權力地位似乎是掌握在某幾個貴族婆羅門種姓的手中。然而此一要素在毘濕奴教，尤其是柴坦尼雅派的大眾毘濕奴教，則全然付之闕如。任何一個曾被承認的導師王室都自我形成一種(多半是)世襲的教權制的共同體。隨著此種教派分裂的擴大，權力手段的性格也產生變化。吠陀的禮儀知識和怛特羅一性力的秘法知識，在以"民主"為取向的教派裡已失去其作為卡理斯瑪權力地位之基礎的作用。取而代之的是教派間公然的情緒性煽動與競爭，並訴諸宣傳招攬和聚眾募款這類特別是平民的手段：除了遊行和民俗祭典之外，還有募款巡迴推車及類似的活動。小市民和普羅大眾人數的增加，城市裡的市民階層之財富的增長，在在提高了導師轉向群眾煽動的營利機會。貴族婆羅門儘管打從心裡瞧不起此種競爭，但畢竟無法免除這樣的痛苦經驗，亦即：在他們的同儕中產生了背離怛特羅和其他秘法陣營而走向毘濕奴教信仰的傾向。聖法習得者的權威，面對著相對而言無學識的(亦即無梵文教養的)大眾的聖職

者，至少相對而言是式微了，正如利用具有教養的商羯羅派的貴
族婆羅門和其他被視爲純古典的婆羅門來作爲導師的慣行也式微
了一樣[71]。

　　藉著英國的支配而漸次普及的資本主義發展——及其創造財
富積累和經濟揚升的全新契機——剛好強力促成此種變革。對婆
羅門的古老稱呼"泰戈爾"(Thākūr)，亦即"神"，不止成爲迂腐陳
辭，並且由於現今唯有平民教派的導師才是眞正被熱誠崇拜的這
個事實，而盡失其價值。

　　此一發展，在舉凡新興印度教的救贖手段和佛教的救贖手段
相結合之處——在(特別是傳播於爪哇)受瑜伽和曼陀羅影響的眞言
乘(mantrayāna)學派，情形尤其如此——都可以見到。換言之，小
乘佛教的導師的權威，在布教地區無疑是相當強大的，而信徒對
於他的無條件服從，至此更被提升到成爲絕對救贖手段的地步[72]。

　　導師所擁有的這種神的、或類似神的地位，在徹底排除一切
偶像崇拜及其他一切非理性的、恍惚忘我的、狂迷的或儀式性崇
拜手段的印度教教派裡，一如我們所見的，往往得到最爲極致的

---

[71] 關於此種怨恨，J. N. Bhattacharya在前面所引的著作裡已歷歷如繪。他
　　本身是個高等的聖法習得者(Pandit)，英國支配和種姓秩序的忠實信奉
　　者，瞧不起平民出身的導師。

[72] 關於這點，參見J. Katz出版 *Sang hyang Kamahāyānikan*(《聖大乘論》
　　Koninklijike Instituuet Voor de Taallanden Volkenkunde van Nederlandsch-
　　Indie, 1910)時，J. S. Speyer的論文(Z.D.M.G., 67, 1913, S. 347)(按："Ein
　　sltjavanischer Mahāyānistischer Katechismus")。佛教倫理除了些許殘跡外
　　(取代修道僧之童貞制的，是禁止在佛像附近性交！)，可說是消失無
　　蹤。透過pūjā(佛陀的崇拜)、瑜伽、關於曼陀羅的冥思、對導師的無條
　　件恭順而到達prajnā(最高之智慧)者，即不禁止任何享受(梵文偈頌第37
　　節)。

發展。於是，崇拜活生生的救世主，便成爲印度教的宗教發展之
最終極的表現。

　　和天主教之制度教會的差異，就外在而言，是組織上的這幾
方面：首先，修道僧和卡理斯瑪的或世襲的秘法傳授者，乃是唯
一的擔綱者。其次，形式上，可以依自由意志而行動。正如中國
的情形，爲官方祭獻或爲婆羅門學派所成立、但不由王侯的捐獻
而來的寺院，一般而言都藉著形成與寄名於一個委員會的形式來
掌握外在組織與經濟運作。此種建立新祭祀的方式，在信奉印度
教的王侯那兒是難以成爲主流的。但是在異教徒的外族支配之
下，這幾乎全變成是宣傳教派祭祀的外在形式，並且藉此而成爲
市民營利階層的支配下最爲通行的辦法，況且也因此而在經濟上
有可能從官方正統的婆羅門階層那兒解放出來，或迫使婆羅門階
層調適於他們。

　　碑文顯示，此種組織形態幾世紀以來，至今仍典型一貫地保
持著。同樣典型維持住的，是導師的精神支配。這些聖職者的政
治地位，當然也是很大的。遊方托缽僧被國王利用來作間諜(這樣
的苦行僧在孟買的早期歷史裡扮演著典型的角色)，而婆羅門一般
則爲官吏與顧問。可以確定的是，導師崇拜的最極致歸結顯然是
在最近這五、六世紀裡才告塵埃落定。這不難理解。不管是國
王，還是婆羅門的世俗祭司階層，都有著同樣的利害關懷，亦即
不容秘法傳授者、巫師和修道僧階層等一般的權力過度膨脹。他
們不會讓教派領導者的權力超越過自己，即使要利用這些人來馴
服大眾。

　　直到回教的外族支配，才打破貴族印度教種姓的政治力量，
讓導師權力的發展自由伸張，而成長到異樣的高度。我們從導師

權力之演變成人的神格化的這種發展中可以學到的是：在西方，教皇權力的發展，具有多麼重大的意涵。教皇權力首先是將布教地區的修道僧教會，特別是愛爾蘭教會及其分派，收攏歸服，並使之正當化，亦即：將修道僧之建立教團，拘限在其嚴格的官職紀律之下。從修道僧到人類崇拜的這種出現在印度的發展，在西方之所以被阻止，並**不是**因為超世俗的人格神(就是教派性的印度教信仰亦有此種人格神的存在)，而是古羅馬的遺產——主教制的**官職**教會。值得注意的是，阻止此種發展的也**不是**教皇政治強大的層級制力量，因為達賴喇嘛即是具有最高權力的聖職者，而印度各教派的大僧院院長亦是如此。其實，**行政上理性的官職**性格，才是決定性的要素，並且恰恰有別於導師的個人性或世襲性卡理斯瑪。關於這點，我們後面會再說明。

除了透過種姓秩序及其與輪迴—業報說的結合(沒有任何一個檯面上所見的教派得以從根本上動搖這點[73])、所形成的儀式主義與傳統主義的內在約制性之外，印度本土的另一個現象是，印度教俗人信徒對於導師——本質上極為傳統主義的卡理斯瑪聖職者——的宗教性人類崇拜。這些現象在在阻撓了生活態度之任何由內而外的理性化。一個在此種內在力量支配下的共同體，會從內部當中產生出我們所謂的"資本主義精神"，這顯然是完全不可想像的。將經濟與工藝成品一如其樣地引進來，就像日本人所做到的，在此顯然而且很可以理解的要比在日本遭遇到更為重大的困

---

[73] 除了以宿命之不可避免性為主題的冗長傳說之外，在格言集當中亦顯示出頗為強烈的**命運信仰**(Liebech, *Sanskkrit-Lehrbuch*, Leipzig, 1905, 例如pp. 274-5, Nr. 87, 80, 93)。唯有業，亦即前世的所作所為，是明確決定命運者，而命運則支配人與神(同上，Nr. 88, 93, 96, 101)。

難。今日，即使資本主義的利害關係已如此深刻地滲透到印度社會裡，以致於根本無法根絕，但就在數十年以前，熟悉印度且傑出的英國專家已經相當有憑有據地提出這樣的論證：在一小撮的歐洲支配階層及其強制之下的大英帝國和平(pax Britannica)沒落之後，相互敵對的種姓、教派與部族在生死爭鬥之餘，印度中古時期那種完全古老封建的掠奪者—浪漫主義，便會再度神龍活現起來。

　　除了種姓的約束性和導師對於大眾的支配之外，讓我們再來弄清楚，到底還有哪些"精神的"要素，構成印度教在經濟上與社會上的傳統主義特徵的基礎。除了權威的束縛外，在知識階層裡特別還存在著一則世界秩序之不變性的教條，這是所有正統與異端的印度教思惟傾向所共通的。任何救贖宗教都會表現出來的貶斥世界的傾向，在此只會演變成絕對的逃離現世，其最高的手段並非行動上的積極禁慾，而是神秘的冥思。此種高於一切之上的救贖之道所具有的威信，實際上不會因任何大眾的(相互間極為不同的)倫理教義而有所減損。救贖手段之非日常性和非理性，不管怎樣總是所在多有。若非狂迷性格，亦即直截了當地走向非理性的、與任何生活方法論都相敵對的道路，即是方法上確實理性，但目標卻是非理性的。然而，譬如在《薄伽梵歌》裡具有最為首尾一貫性的主張："職業"的履行，卻是"有機的"[74]，換言之，具有

---

[74] 特別如格言集所顯示的，這徹底保存於教派的宗教意識中。在Liebich前引書中，藉著翻譯我們可以很容易就理會到浮現在其中的字眼，如愛或森林(苦行)，見p. 281, Nr. 14。所謂失敗的人生，就是指那些**既不**專心事奉濕婆，**也不**曾過著愛的生活者(p. 299, Nr. 11)，那些**既不關心**學問，**也不關心**財富利得，**既不恭順**，**也不關照**性愛者(p. 305, Nr.

嚴格傳統主義的特徵，但若從在世俗中行動、而非世俗的行動這
點看來，卻帶有神秘的色彩。任何印度人想都不會想到的是：要
將其在經濟的職業忠誠上所獲得的成果，看成是其恩寵狀態的表
徵，或者，更重要的，將依據切事的原則而理性地改造世界，評
價爲神之意志的實現，並且著手做去。

　　值得注意的是，不管過去或現在，眞正主智主義的階層和一
般而言關心"救贖"——無論是何種理性意義上的"救贖"——的階
層，在印度到底有多麼的薄弱。大眾，至少現今的印度教徒，對
於"救贖"(moksa, mukti)根本一無所知。他們不僅不知這樣的字
眼，更不用說是意義。除了短暫的時期外，事情想必一直就是這
樣。一面倒的純粹此世性的救贖關注、粗俗的巫術，或是再生機
會的改善，從過去到現在，始終都是他們所致力追求的。各教
派，至少現今，並不在意眞正的"大眾"。若以明確的教派歸屬(透
過曼陀羅的傳授或彩繪、烙印)爲基準，根據早先提及的資料，毘
濕奴教徒、濕婆教徒、耆那教徒和佛教徒加起來，很難超過總人
口的5%，實際上可能更少。確實，已有學者提出且議論縱橫地辯
護這樣的理論[75]：任何非異端的印度教徒，本身並沒有自覺到，若

---

47)，那些**既不曾擁有知識或戰功**，**也不曾擁有美貌的女子者**的人生(p.
313, Nr. 87, 此處的詩形容特別的美)。以此(p. 319, 此一集成的最終詩
節，及其他地方)，這些林林總總的價值一股腦地羅致並列在一起。至
於諸如濕婆、梵天和毘濕奴等神祇則被描寫成愛神的"奴隸"(p. 278, Nr.
1)，另一方面，濕婆則成爲女性的敵人(p. 283, Nr. 83)、愛神的敵人(p.
302, Nr. 28)或其"懲罰者"(p. 313, Nr. 90)。這一切都相應於先前在某些
紀念碑所表明的：印度人的整個倫理之有機的—相對主義的基礎。

[75] 譬如貢獻良多的印度學學者G. A. Grierson。關於他的見解和針對這點，
參見Blunt在1911年的(聯合省)普查報告書裡的詳細論述。

非濕婆教徒，即為毘濕奴教徒。換言之，他所求的，就前者而言，是融入那獨一無二者之中，就後者而言，是永恆的生命。這表現於其臨終時慣有的態度上，亦即出之以呼喚救難聖人的咒文(曼陀羅)的形式。然而，這樣一種特別用於臨終時的曼陀羅，實際上並不是普通慣見的；而且即使濕婆教徒是追求不死性的，然而其通常慣行的咒文形式(尤其是勸請羅摩)[76]，一點也不表示說，可以從這當中和神及其特殊的共同體產生出不管怎樣的一種關係。印度教的大眾，有時甚至連濕婆和毘濕奴的名號也不知道[77]。他們所了解的"救贖"(mukhti)，無非就是美好的再生，而且，和古老的印度教救世論相呼應的，在他們看來，這完全是根據自己的行為，而不是神的。

　　印度教的大眾所祈求於其地方村落神的，是下降甘霖或陽光普照，所求於家族神或Mailar Linga, Kedar Linga(持咒物)的，是其他日常生活需求上的幫助。想要從他們用來作為顧問的導師那兒學得什麼"教派的"教育，根本是不可能的，因為導師所教的，除了禮儀形式之外，就只有俗人大眾完全無法理解的婆羅門神學，這更顯示出存在於知識人的宗教意識和大眾的日常要求之間的鴻溝。教派的加入取決於婆羅門導師，只有他對教派歸屬問題還稍有理解。大眾是絕對不會將自己綁在某個教派上的。就像古希臘人根據不同的時機而崇拜阿波羅或戴奧尼索斯，中國人虔敬地參與佛教的法會、道教的巫術和儒教的廟堂祭典，普通的印度教徒，亦即沒有特別加入某個教派者，也同樣是如此地看待祭祀與

---

[76] 譬如毘濕奴派唸誦：Ram, Ram, satya Ram。

[77] 此種情況下，一般所崇拜的是"最高"神，其次是古老的Parameśvara(絕對神)。

神祇——特別是不僅止於被視為正統的祭祀與神祇。不止耆那教
和佛教的聖者，連同回教和基督教的聖者(例如耶穌會最早的傳教
士聖方濟・沙勿略[78])，也都能夠歡喜享用印度教徒為他們所備辦
的祭典。

　　教派及其救世主信仰，無論過去或現在，都不過是(多半)接受
知識人勸導的中產階級的事，而藉冥思之力得救贖，則是知識階
層的事。當然，如先前所論的，我們也不能夠因此就說：知識人
的宗教及其救贖許諾的特色，一點兒也沒有對大眾的生活態度發
揮極為持續性的間接影響。其實，這樣的影響還是蠻大的。不
過，就效果而言，此種影響從來就不是發生在對大眾的生活態度
上產生入世的、講求方法的理性化的這個層面上，而多半是恰好
相反。財富，尤其是金錢，在印度的格言裡，享有幾乎是過分的
評價[79]。除了自己享用或贈予他人外，第三個選擇不過是消費[80]。
印度教所創發出來的，並不是對理性的、經濟上的財富積累和重
視資本的動機，而是給予巫師和司牧者非理性的積累機會，以及
讓祕法傳授者和以儀式主義或救世論為取向的知識階層有俸祿可
得[81]。

---

[78]有關聖方濟・沙勿略的事蹟，參見本書第3篇第4章註62。——譯註

[79]　參照Liebich, Sanskkrit-Lehrbuch, p. 265, Nr. 40, 41。

[80]　同上，Nr. 43。

[81]　印度特有的累積鉅富的形式，在這樣一個Vaidika出身的幸運兒身上表
　　現得最為清楚：十三世紀時，這個人被一個拉甲招喚到Kotalihapur去，
　　因為拉甲家的屋頂上有一隻死掉的老鷹掉下來，為了怕此一不乾淨的
　　惡兆帶來壞事，所以請他以儀式來破除。除了儀式本身所需的巨額款
　　項之外，他所領得的謝禮還包括被授與土地采邑和查米達的地位，也
　　因此，他這一家直到晚近還是孟加拉數一數二的鉅富。

　　知識階層，在此情況下，特別是受到歐洲影響與訓練、或因此而感受良深的現代知識階層的一個問題，本質上，便在於印度教內部之現代的"改革"運動，換言之，在歐洲已多受討論的結社，如"梵教會"(Brāhma Samāj)[82]，以及或許更重要的"雅利安協會"(Ārya Samāj)[83]。此一改革運動的歷史，對我們的行文脈絡而言，和英—印系大學教育所訓練出來的、在政治和新聞界成為擔綱者的那些人的觀點一樣，並不是那麼重要。這些擔綱者同時也是在這個國家——因相互尖銳敵對的種姓、教派、語言、人種等各種集團而分崩離析的這個國家裡，漸次浮現出來的近代(西方意義下的)印度國家意識的擔綱者。只是，此種現象，和我們此處所要刻畫的本土印度人的性格，必然完全異質。因為，此種現象只

在Pancatantra，商業有時是優先於其他(諸如乞食、事奉王室、農耕、知識、高利貸等)的賺錢方法(參見Liebich, p. 99)。不過，作為商業經營的方法，除了香料交易、存放業務、會社經管、對外貿易和貨物運送之外，還有偽報價格、偽造數量與重量來獲利，以及種種這類的方法，同時交互運用。這和清教徒及耆那教徒的倫理，形成強烈的對比。

[82] 又稱"梵協會"、"梵社"。1828年由藍姆漢羅伊(Rām Mohan Roy, 1772-1833)創立於加爾各答。教義是以"梵"為唯一之神，提倡以奧義書為中心，回歸傳統之純粹婆羅門教。羅伊深受西歐理性思想與基督教精神之影響，乃將其設法溶入梵教會，進而排斥多神教及偶像崇拜，否定輪迴觀念，革除一夫多妻制、寡婦殉葬等等社會習俗。梵教會在十九世紀中葉時曾頗為興盛，後來由於分裂而逐漸衰微。——譯註

[83] 又稱"聖社"。1875年由戴雅南達沙熱斯婆地(Dayānanda Sarasvati)創立，主張改革印度教，反對偶像崇拜、種姓隔離與童婚，回歸吠陀傳統，重視社會福利與教育，並創建保護母牛協會。1877年該協會以拉合爾為活動中心，初期成員多為商人與手工業者，後亦有王公等上層階級人士參與。——譯註

是在統一的市民階層——連同其所懷抱的民族文學、特別是其出版活動——的基礎上成長起來，並且，一般而言，是以一種可說是統一的(外在的)生活樣式為前提。這一切，和以印度教為傳統的印度，正相對反。

6

亞洲宗教的一般性格

　　亞洲世界的文化具有前所未聞的多樣形態，當我們越過表面的觀察來加以回顧時，那麼還有以下這些要說說：

　　對亞洲整體而言，中國扮演了類似法國在近代歐洲所扮演的角色。所有世情通達的"洗練"，莫不是源自中國，再傳布於西藏、日本和中南半島。相反的，印度的意義則可媲美於古代的希臘世界。在亞洲，舉凡超越現實利害的思想，很少能不將其根源追溯到印度的。尤其是，印度的(不管正統或異端的)救贖宗教，在整個亞洲地區扮演了類似於基督教的角色。只不過，這其間有個重大差異：撇開地方性的和多半是一時性的例外不談，那些宗教之中沒有任何一個成為永遠高居於唯一支配權地位的宗派，可以像西方在中世紀和直到西發里亞和平條約簽訂之前的情形[1]。

---

[1] 西發里亞和平條約(Peace of Westphalia)簽訂於1648年，結束了歐洲自1618年以來的三十年戰爭(Thirty Years' War)。三十年戰爭的起因相當複雜，不過，其中也包含了基督新教與天主教的對立。此一條約基本上則承認了彼此的勢力範圍，換言之，一個教會——梵蒂岡的教皇為上帝在人間唯一之代表——的理想，至此遂告破滅。——譯註

　　原則上，亞洲過去是、現在仍是各種宗教自由競爭之地，類似西方古代晚期那種宗教的"寬容"。換言之，是在國家理由的限制下的寬容——可別忘了，這同樣也是我們現今一切宗教寬容的界限，只不過，作用方向有所不同。一旦此種政治利害(按：國家理由)出了不管怎樣的問題，即使在亞洲，最大規模的宗教迫害也是少不了的。最激烈的是在中國，日本和印度部分而言也有。和蘇格拉底時代的雅典一樣，亞洲也一直有基於迷信而被強迫犧牲的情形。結果，宗派間和武裝僧團間的宗教戰爭，直到十九世紀都還不斷上演著。

　　然而，我們注意到，整體而言，各式各樣的崇拜、學派、宗派和教團都相互並存著，亦如西方古代固有的情形。當然，在當時多數的支配階層眼裡，以及往往包括當時的政治勢力在內的立場看來，那些相互競爭的方向決非具有同等價值。事實上既有正統與異端之分，而正統派之下又有較古典或較不古典的各種學派、教團和宗派之分。尤其是——這點對我們而言顯得特別重要——他們彼此間又有社會性的區別。一方面(占較小分量)，是依他們所駐足的階層而定，另一方面(主要重點)是依他們所給與不同階層的信徒的救贖方式而定。第一種現象部分是以這種方式呈現出來，亦即：嚴格拒斥任何救贖宗教的社會上流階層對立於一般大眾的民間救世論，中國代表此種類型；部分則呈現為：不同的階層衷情於不同形式的救世論。此一現象在多半情況下，亦即在沒有導致社會依階層而形成專屬宗派的所有情況下，與下面的第二種現象是一樣的，換言之：同一種宗教給與種種不同的救贖財，依此，各個不同的社會階層對救贖財的需求強度亦各自不同。絕少例外的，亞洲的救世論所知唯有模範型的許諾，其中多半是過著僧侶生活者方能獲救的許諾，但也有些是給俗人的救贖許諾。所有發源於印度的救世論，幾乎毫無例外的都有這種類型。

這兩種現象的根底是相同的。特別是，兩者是緊密相關連的。一方面，有一道鴻溝將有學識的"教養人"和無學識的俗民大眾相隔開來；另一方面，與此相關連的，是亞洲所有哲學和救世論所特有的共通前提：**知識**，不管是學識性的知識還是神秘性的靈知，究終而言，是通往此岸與彼岸之最高救贖的絕對唯一途徑。值得注意的是，此種知識並不是關於此世事務的知識，亦即並不是關於自然和社會生活的日常知識、或支配此二者之法則的知識，而是關於世界與生命之"意義"的哲學知識。這樣一種知識顯然根本無法以經驗性的西方科學方法來取代，並且也絕對無法藉此——就其自身的目的而言——極力求取到。這樣的知識是超出於科學之外的。

亞洲，再次，也就是說印度，是專一地以主智主義的態度來奮力求取"世界觀"——就此字原本的意味而言，換言之，人生在世的"意義"——的典型國度。此處，可以確信的——有鑑於言語表達的不完美，也只有姑且作這樣不十分完整的論證——是：在有關世界與生命之"**意義**"的**思考領域**裡，完全沒有什麼是亞洲地區未曾以不管是怎樣的**一種形式**作過思考的。亞洲的思考所致力尋求的那種知識，按其原來所意味的性質，無可避免的(並且通常事實是如此)都帶有靈知的性格；此種知識對於所有純正亞洲的(也就是說印度的)救世論而言，是通往最高救贖的唯一之路，同時也是達到正確**行為**的唯一途徑。因此，再明白不過的，是與所有主智主義相親和的這個命題：德行是"可以教導的"，對於正確行為的正確認知會導致完全無誤的結果。在(譬如大乘佛教的)民間傳說

裡——對於造形藝術,這樣的民間傳說扮演著類似於西方的聖經
故事所扮演的角色——此一命題處處皆是不證自明的前提[2]。唯有
知識能對自己本身或他人發揮——視情況而定——倫理的或巫術
的力量。關於此種知識的"理論"與"認識",完全不是經驗科學知識
的一種理性表現與學習——如西方那樣,使得對自然與對人的理
性支配成為可能;而毋寧是對自己和對世界的神秘性與巫術性的
支配手段,亦即:靈知。這可以透過肉體與精神極為密集的訓練
而獲得,換言之,若非禁慾苦行,即是(照例如此)嚴格講求方法規
制的冥思。

由於這樣的知識在實際上保持著神秘的性格,因而產生出兩
個重要的結果。其一是救世論的救贖貴族主義。因為,神秘靈知
的能力是一種卡理斯瑪,並非任何人都可以獲致的。還有,與此
相關連的,是救世論的非社會與非政治的性格。神秘的知識並不
是,至少不是可以適切地和理性地、傳遞給他人的。亞洲的救世
論總是將最高救贖的追求者導引到一個隱於俗世背後的國度(hinter-
weltliches Reich),一個不具理性形式的國度,並且正是因為這種
不具形式性,而成其為可以得見神、保有神、被神附體或與神合
一的一種禪悅的國度,此種禪悅並不屬於世間,然而卻可以(也應
該可以)透過靈知而在此世的生活裡獲得。此種禪悅,在亞洲的神
秘的直觀的最高形式裡,被體驗為"空":跳脫出現世及其一切造
作的空。這和神秘主義標準的意義特性完全相應,只不過是在亞
洲才開展到終極的形態。對於俗世及俗世造作的貶斥,乃是一種
純粹心理學上不可避免的結果;這種神秘的救贖擁有的意義內

---

[2] 參見前面引用的 *Mahasutasomajataka*,Grünwedel譯,*Buddhist. Studien*, V. d. Kgl. M. f. Völkerk. Berlin, V., S. 37 f.。

涵，並不是可以理性的方式再進一步加以解釋的。

在理性地解釋下，此種被神秘地體驗到的救贖狀態就是：安靜，對立於不安。前者是屬於神聖境界的，而後者則是特屬於被造物的，因此，最終若不是完全表象的，就是在救世論上毫無價值的、受制於時間—空間的、無常的。此種取決於體驗的、對待世界的內在態度，對於被造物狀態之最理性的解釋，同時也是幾乎在全亞洲普遍取得支配性地位的解釋，便是基於印度的輪迴與業的教義。藉此，在救世論上受到貶斥的現實生活的世界，獲得一種相對而言，合理的意義。

根據理性上最極度推展的觀念，支配著俗世的，是決定論的法則。按照特別是在日本發展起來的大乘教義，則支配著外在自然的，是我們西方意味下的嚴格的因果律。支配著靈魂之命運的，是倫理性的、業的因果報應的決定論。這是無法逃脫的，除非藉著靈知的手段，逃進那俗世背後的國度裡，在那兒，靈魂的命運可以單只被理解為"寂滅"，或永遠處於無夢之眠的個體靜寂的狀態，或者一種直覺見神的、永遠寂靜的感情禪悅的狀態，或是與那神聖唯一者合而為一的開悟狀態。

總之，以下這樣的想法(基督教的觀念)——在這個地上的無常的存在所做出的無常的作為，會在"彼世"裡得到"永遠的"懲罰或報償，並且是出於一個同時是無所不能而又良善的神的支配——對於所有純正亞洲的思惟而言，不啻是荒謬的，並且似乎在精神上是第二義的，而往後恐怕也一直都會如此。因此，像西方的救世論裡的來世教義那樣極力強調此世的短暫生命的情形，在此消失無蹤。在漠視世界的既有態度下，所能採取的若非外在的逃離現世，就是內在於現世的態度，只不過是漠視世界的行為：然而，

面對世界與一己的行爲而得確證，是不會在以上兩種態度當中、也無法透過這兩種態度來達到的。

最高的神性是以人格性來表現，或者如通常所見的，以非人格性來表現——這點對我們而言並非不重要——是程度上的問題，而不是原理上的差異。很少(但有時)出現的人格神的超世俗性，並不具有決定性。具決定性的是被追求的**救贖**財的性格。然而，這最終還是取決於是否有個知識階層——對於世界之意義的思考有所追求，並且爲思考而思考的知識階層——成爲救世論的擔綱者。

此種主智主義的救世論，如今所面對的是在生活上採取實際主義行動的亞洲各階層。要在現世內的行動，與超俗世的救世論之間，產生一種內在的關連，是不可能的。內在地徹底首尾一貫的唯一形式，是印度吠檀多派的婆羅門教裡的種姓的救世論(Kasten-soteriologie)。其職業觀念必然對政治、社會與經濟等各層面產生極端傳統主義的影響。然而，此一救世論正是歷來所曾開展過的"有機的"救贖敎義與社會理論當中，唯一在邏輯上徹底完備且顛撲不破的形態。

面對救世論，有教養的俗人階層所採取的是和其內在情況相應的態度。若是本身在身分上是權貴階層，那麼還有更多的可能性。第一，這是個有學識敎養的、世俗的武士階層，對立於具有學識敎養的、獨立的祭司階層，諸如印度古代的利帝利和日本的宮廷武士階層。在此情況下，他們部分而言參與了免於祭司干涉的救世論之創造，例如主要見之於印度的情形，部分而言則表現出對於所有宗教都抱持懷疑的態度，例如在古印度的一部分高貴俗人階層所見的，而見於大多數日本的貴族知識階層。對後者而言，懷疑儘管歸懷疑，只要他們還有和宗教慣習相互妥協的動機，那麼他們通常是以純粹儀式性的、形式主義的態度來對待這些慣習。在部分的日本古代和印度古代的貴族教養階層身上，都可以看到這樣的態度。

第二，這個階層是官吏和高級武士，例如在印度。此時，只能有上述提及的這種態度出現：他們固有的生活態度全都(包括我們截至目前爲止所曾提及的所有情況)受到祭司階層的規制，當然，在儀式上是相應於其本身的固有法則性，並且這個祭司階層足夠有力的話——例如在印度的情形。在日本，祭司階層自從遭受將軍的打壓之後即不再有足夠的能力(除了在外在的名目上)來規制武士階層的生活態度。

第三，和截至目前爲止所說的情況相反的，這個高貴的俗人階層不止是家產官僚制裡的世俗官吏、官職俸祿受領者和官職候補者，同時也是一個並無有力的祭司階層與之競爭的、國家祭典的擔綱者。在此情況下，這個階層發展出自己嚴格儀式性的、純粹現世內取向的生活樣式，並且將禮儀當作是身分性的儀式來進行，就像儒教在中國之被其——以(相對而言)民主的方式來補充員額的——士人階層所採行的那樣。在日本，相對自由於祭司勢力之外的世俗貴族教養階層，雖然還是要對政治支配者克盡儀式性的義務，但是卻沒有中國家產制官僚和官職候補者的那種特質。他們是武士貴族和廷臣，也因此，他們缺少了儒教那種懲戒的、學問的要素。他們是特別強烈地將關注重點放在接受與融合各式各樣的文化要素上的一個"教養人"的階層，並且，至少在其內在核心裡，深受封建的名譽觀念所束縛。

由於亞洲的救世論的特質所致，在亞洲，無學識的"中產階級"，亦即商人和屬於中產階層那部分的手工業者所處的狀態，和西方有著本質上的差異。他們的最上一層，部分而言也參與了以理性的方式來完成主智主義—救世論的工程，換言之，要不是消極地拒斥儀式主義和聖典知識，就是積極地宣傳個人救贖精進的唯一意義。只是，此種救世論，因其所具有的靈知的、神秘的性格，究終並未能提供給這個階層任何基礎，以發展出適合於他們的、講究方法的、理性的、現世內的生活態度。因此，只要這個階層的宗教意識在救贖教說的影響下被昇華了，那麼他們就會成為各式各樣的救世主宗教信仰的擔綱者。只不過，在此情況下，貫穿於所有亞洲的主智主義救世論裡的靈知的、神秘的性格，以及陶醉於神、入神和憑神狀態之與神秘主義者和**巫師**的內在親和性，也是具有決定性作用的。

在亞洲，舉凡巫師沒有受到像中國或日本那種強力壓制的地方，救世主宗教信仰所採取的就是聖徒崇拜的形式，並且特別是對**活生生的救世主**的聖徒崇拜，諸如導師或其同類的(不管是比較偏向秘法傳授者式的，或是巫術式的)恩寵授與者。這賦與了無學識的中產階級決定性的特徵。此種多半是世襲性的卡理斯瑪擔綱者(巫師)所具有的絕對且無限的力量，只有在中國與日本被基於政治的理由與力量所大舉破壞。在中國，此種破壞是緣於(民眾)對於政治的士人階層的服從，在日本，則緣於所有聖職者和巫術勢力的威望一般性的衰落。除此，亞洲地區一般而言總存在著這樣一個卡理斯瑪階層，這個階層決定了大眾的實際的生活樣式，並且授與他們巫術性的救贖：對於"活生生的救世主"的皈依，乃是亞洲虔敬心的特徵類型。除了巫術(普遍而言)和氏族勢力的完整性之外，此種卡理斯瑪(就其最古老的意涵：作為一種純粹巫術性的力量)的完整性，是亞洲的社會秩序的典型特色。

　　一般而言，特別是高貴的政治士人階層和敎權制的知識階層，成功地將大眾的狂迷昇華或質變爲對救贖者的愛與崇拜，或轉化爲聖徒崇拜的形式主義與儀式主義，只不過，有著各色不同的成果：在中國、日本、西藏與佛敎化的中南半島，成果最著，在印度半島成果最小。然而，就打破巫術的支配而言，這個階層的企圖與嘗試，不過偶爾能獲得成功，即便如此，成果也只是一時的。

　　以此，大眾的宗敎意識，特別是在農民、勞動者和包括中產階級在內的宗敎意識裡，核心成分一直就是"咒術"(Zauber)，而非"奇蹟"(Wunder)。兩者——奇蹟與咒術——皆有雙重意涵。若將西方的聖徒傳說與亞洲的加以比較，就很容易確認這點。兩者可以被看作是相當類似，特別是原始佛敎和在中國加工過的聖徒傳說，與西方的聖徒傳說有時在內在方面也很相似。然而，平均說來，兩者是恰成對比的。"奇蹟"，就其意義而言，總是被視爲某種理性的世界支配的行爲，一種神的恩寵授與的行爲，因而，比起"咒術"來，往往是基於內在動機的行爲。"咒術"，就其意義而言，是藉此發生的：全世界都被巫術性的潛勢力所充滿，而此種潛勢力是以非理性的方式來運作，並且是由具有卡理斯瑪稟賦且按自由意志行動的存在，換言之，是由這樣的人或超人，透過禁慾的或冥思的成就而蓄積起來的。

　　對我們而言，聖伊利莎白的玫瑰奇蹟顯得頗有意義[3]。相反

---

[3] 聖伊利莎白(Elizabeth of Hungary, Saint, 1207-1231)，匈牙利公主，國王安德魯二世之女。1221年嫁路易四世爲妻，不久，路易參加第六次十字軍東征，1227年卒於軍中，伊利莎白離家加入聖方濟會第三敎團，在Marburg成立濟貧院，終身服務貧民。關於她的傳說甚多，也有不少被作爲藝術題材，最爲常見的藝術作品顯示她在進行慈善活動時與亡

的，咒術的普遍性卻破壞了諸事象的所有意義關連。我們可以在
典型的、一般見於亞洲的(例如大乘佛教徒的)聖徒傳說裡看到：此
種現世內的機器降神(Deus ex machina)，是以一種乍看之下極為不
可理解的方式，和完全相反的、但同樣極為非藝術的欲求相互連
結在一起——此種欲求之所以是非藝術的，原因在於其理性主義
的意涵，換言之，儘可能地要將傳說裡完全無關緊要的、不管是
怎樣的個別事象，都冷靜地賦與其歷史上的原由。以此，印度童
話、寓言與聖徒傳說的古老寶藏——全世界的寓言文學的歷史泉
源——後來即透過此種對施行咒術的救世主的信仰，而變形為一
種具有徹底非藝術性特徵的文學藝術；對其讀者層而言，此種文
學藝術的意義，相應於被通俗性的——塞萬提斯不得不奮起抵抗
的[4]——騎士小說所喚起的感情。

在這個咒術遍在的、極端反理性的世界裡，經濟的日常生活
亦是其中的一環，因而由此世界中不可能開展出一條道路通往現
世內的、理性的生活態度。咒術，不只是治療的手段，而且也是
為了達成以下種種目的的手段，諸如：為了出生，特別是生而為
男子的手段，為了考試及第或為確保獲得一切可以想像得到的地
上財貨的手段，以此而有對付敵人、對付戀愛或經濟上之競爭者
的咒術，贏得訴訟之雄辯的咒術，債權人得以強制債務人實行清
償債務的降魔咒術，為了企業的成功而影響財神的咒術——所有
這些，要不是形式十足粗糙的強制巫術，就是較為精緻的藉著供
物來贏得功能神或惡魔的助力。透過這些手段，亞洲地區廣大的

　　夫之靈相遇，奇蹟出現——她所攜帶的麵包變成玫瑰。——譯註
[4]　塞萬提斯(Cervantes, 1547-1616)，西班牙作家，著有《唐吉訶德傳》。
　　——譯註

無學識的大眾，連同知識階層本身，試圖支配自己的日常生活。

　　此處，在這樣一個將"世界"之內所有的生活都籠罩在裡頭的咒術花園裡，不會產生出一種理性的實踐倫理和生活方法論來。當然，此中仍有神聖的與"俗世"的對立，而此種對立，在西方，決定了生活態度之統一的體系化之建構，並且在歷史上通常是以"倫理的人格"(ethische Persönlichkeit)表現出來。只是，在亞洲，此種對立從來就不是西方的這種情況[5]，換言之，在西方的情況是，倫理性的神對立於一種"原罪"的力量，一種根本的惡的勢力——可以透過生活上的積極行動來加以克服。而亞洲的情形毋寧是：1.以狂迷的手段獲得恍惚的附神狀態，而對立於日常生活，同時，在日常生活裡，神性卻又並不被感受爲活生生的力量。換言之，非理性的力量昂揚高漲，正好阻礙了現世內生活態度的理性化。或者，2.靈知的不動心——忘我的入神狀態，對立於日常生活，在此，日常生活被視爲無常且無意義的活動場所。換言之，同樣是一種非日常性的、特別是消極的狀態——若從現世內的倫理的立場看來，由於其爲神秘的，所以是非理性狀態——捨棄俗世裡的理性行動。

　　舉凡現世內的倫理被分門別類地依專業而體系化之處——正如爲印度教之現世內的種姓倫理的相應態度，提供極具首尾一貫性且在實踐上十分有效的救世論的報償那樣——此種倫理也同時

---

[5] 只有在這層意義上，Percival Lowell才氣縱橫地揭示出來的命題——舉"非人格性"爲東亞的基本特徵(*The Soul of the Far East*, Boston and New York, 1888)——方能爲人所理解。此外，關於他說到亞洲生活之"單調"的論斷——特別是以一個美國人的立場來說——必然成爲所有東亞人大大驚歎的對象。關於"單調"的眞正精髓所在，美國的一個公民James Bryce倒是很可以作個古典的見證人。

會被傳統主義—儀式主義地徹底定型化。若非如此，那麼"有機的
社會理論"的胚芽就會浮現出來，只不過這其中缺少了爲相應的實
際行動提供在心理上有效的報償，並且也缺乏一種首尾一貫的、
具有心理效用的體系化。

俗人，被拒於靈知、也就是最高救贖之外(或者他們本身也拒
斥此種救贖)，在行動上是儀式主義與傳統主義的，並且也依此來
追求自己日常的利害。不管或大或小，亞洲人無止境的營利欲是
全世界無與倫比地惡名昭彰，並且一般而言此種惡評還眞是對
的。然而，這種欲望甚至可說是一種窮盡一切計謀、包括尋求普
遍性手段——亦即巫術——之助力的"營利衝動"。其中所缺乏的
正是對西方的經濟而言關鍵性的要素，亦即：對營利追求的這種
衝動性格加以破除，並加以理性地切事化，且將之規制於一個理
性的、現世內的行動倫理的體系裡———一如西方之基督新教的"現
世內的禁慾"所完成的(和其有內在相似性的東方先驅者很少繼續下
去)。爲此所須要的各種前提，並不存在於亞洲宗教的發展裡。如
果說要求俗人過著神聖的苦行者的生活，亦即過著像尊者(Bhagat)
那樣的生活，而且還不止是作爲一種老年人的生活目標，而是在
一般的生活上、遇到沒有工作時即暫時去過一段遊方托缽僧的生
活——而且並非沒有成果[6]，並且在宗教上是受到稱揚的，那麼，
"現世內的禁慾"如何能在這樣的一種宗教意識的地基上生長出來
呢？

在西方，理性的現世內倫理的發生，是與思想家和先知的出
現連結在一起的，而這些人物，就我們的觀察，是在某種社會結

---

[6] 在印度，主要是在四月份時，下階層的種姓成員暫時過一段遊方托缽
的生活，是一種儀式上的義務。

構的**政治**問題的地基上成長起來，換言之，那是一種不爲亞洲文化所知的社會結構，亦即：**城市**的政治市民階層，若無城市，則不僅猶太敎和基督敎，就連希臘思想的發展，都是無法想像的。然而，在亞洲，此種意味下的"城市"，部分受阻於氏族勢力之未受破壞的完整性，部分則受阻於種姓之間的異質性，因而無從產生。

　　亞洲的知識階層所關懷的既然是超越日常生活的事物，因此多半將其關注點放在政治之外的方向上。政治上的文人，例如儒敎徒，與其說是政治人，倒不如說是個具有審美敎養的文書練達者、清談者(在此意義下，可說是沙龍人士)。政治與行政，對他們而言只不過是維持俸祿的生計，實際上多半交付下面的僚屬來處理。反之，不管正統還是異端派的印度敎與佛敎的敎養人，發現其眞正的關懷領域是完全外在於此世的事物，換言之，是在於追尋靈魂之神秘的、超越時間的救贖，以及從存在之"輪"的無意義機制當中跳脫出去。爲了使這種追尋不受干擾，印度敎徒儘量避免和西方的野蠻人太過接近，儒敎的士紳也是如此，而他們是爲了避免使自身優雅的身段受到損傷。

　　在儒敎徒的印象裡，西方人是熱情揚溢的，但這種熱情卻未受到克制、沒有加以純化且肆無忌憚，如果可以的話，便自在地在生活樣式、姿態、言談裡表露出來，缺乏應有的謹愼羞怯，在此意義上，就是欠缺對自己本身的支配。只是，亞洲這種獨特的、對自己本身的"支配"的固有特徵，反過來對西方人而言，卻只能得到純粹"消極的"評價。因爲，那種時時淸醒的自我克制——毫無例外地爲所有知識分子、敎養人士和救贖追求者規制出亞洲人的生活方法論的自制——，到底是針對著什麼樣的重心呢？那種緊張地集中心神的"冥思"或皓首窮經的畢生研究——至少在

其以追求完美的性格，將之作爲最高目標而摒擋外界干擾的精進
情況下——的終極內容又是什麼呢？

道教的無爲，印度教的"解脫"(解脫俗世的關係與關懷)，以及
儒教的"保持距離"(遠離鬼神和對不實在問題的執著)，所有這些就
內容而言都是在同一線上的。西方那種積極行動的理想，因此，
也就是根植於某種中心——不管是放眼彼岸的宗教的中心，或是
現世內取向的中心——的"人格性"，在所有亞洲最高度發展的知
識人的救世論看來，若不是本身即爲終極矛盾的，就是庸俗小道
片面性的，要不然就是野蠻的生之欲望，而遭到拒斥。在亞洲，
要不是見諸儒教裡的那種傳統的身段之美(透過沙龍的精煉而昇華
的身段之美)，就是隱於俗世背後的、從無常裡獲得解脫的國度—
—一切最高的關懷都指向那兒，而"人格性"也從那兒獲得該有的
品位。這在最高的(而不只是正統佛教的)觀念裡，稱作"涅槃"。不
止是在言詞上，就連事實上我們都無法直截了當地把它翻譯成
"無"，雖然一般通行的作法是如此。只是，在"俗世"的觀點下，並
且從俗世那方面來看，事實上這除了"無"之外似乎也沒有別的意
義。當然，從救贖教義的觀點看來，救贖狀態確實是兩回事，並
且有極爲正面的評價。然而，絕對不可或忘的是，典型的亞洲聖
者所致力追求的無非是"解脫"，而那種不可說的、逃脫死亡的、
此岸的、積極的禪悅的救贖狀態，作爲達成救贖的積極補充，也
只不過是**被期待**著的，但並不總是能達成。相反的，事實上達到
此種擁有神性的狀態，所必要的是受恩寵者的高度卡理斯瑪。如
此一來，那些無法達成此種狀態的大多數人，又將如何呢？對他
們而言，還是那句老話：「目標不算什麼，起而行就是一切」—
—行向"解脫"的方向。

　　亞洲人，特別是飽學的或半吊子的亞洲知識分子，很容易就給西方人"謎樣的"、"充滿秘密的"印象。有人嘗試透過"心理學"的取徑來穿透這種想像中的秘密。當然，無可否認的，亞洲人的氣質的確存在著心理上與體質上的差異[7]：不管怎樣，我們總可以確定，再沒有比印度人和蒙古人之間存在著更大的氣質上的差異了，但是，二者卻能夠同意相同的救世論；因此，必須強調的是，這樣的取徑並不是理解事情的根本辦法。最能夠促成理解的把柄，毋寧是藉著教育所賦與人的特徵，以及客觀環境所規制出來的關懷方向，而不是"感情內容"。對西方人而言，亞洲人的態度之最為非理性之處，是在於其受到禮節與儀式之慣習的制約，而這些慣習的"意義"，連他們自己也不瞭解。當然，這種瞭解上的困難，對我們而言和在亞洲並沒有兩樣：這類風俗習慣的原始意義，對於在其薰陶下成長起來的人而言，往往早已不再是清楚明白的了。

　　在此情況下，亞洲知識分子的那種自制且貴氣的謙恭有禮，以及意味似乎無限深長的沈默，在在折磨著西方人的好奇心。在此種沈默背後，究竟存在著什麼樣的內容？關於這點，或許最好還是放棄某種明顯的偏見。站在自然的宇宙跟前，我們會想：自然——不管對分析著它的思想家也好，或是對觀看著它的整體圖像而深受它的美麗所感動的觀察家也罷——必定有些關於它自身

---

[7]　就我們的文本而言，特別是印度人所具有的那種似乎極為容易歇斯底里和自我催眠的性向，值得作人種神經學上的進一步觀察。問題在於：此種性向上的差異，難以確定在多大的程度上是基於神經病理的恍惚忘我手段——在幾乎所有的"原始民族"裡都可以發現其萌芽階段，但在印度卻被發展成藝術的忘我技術——所造成的。

的"意義"的"終極的話"要說。就像狄爾泰曾經提過的[8]，宿命的事實是："自然"甚至沒有必要去透露這樣一種"終極的話"，或者，並不認為自身是處於要這樣做的一種狀態。這就和下面這樣的信仰相類似：凡是有品味地保持沈默者，就必定是有更多必須保持沈默的緣故。然而，對亞洲人而言，實情並非如此，就像對其他地方的人來說也一樣。當然，亞洲文獻當中的救世論作品，對於在這個特有領域中浮現出來的多半問題，比西方人要更加不顧一切地徹底呈現。

亞洲之一般缺乏經濟的理性主義和理性的生活方法論，除了另有精神史上的緣故之外，主要關鍵在於社會結構的**大陸**性格，而此種性格乃是由地理結構所造成的。西方的文化發祥地全都是海外貿易或中繼貿易的所在：巴比倫、尼羅河三角洲、古代城邦、以及敘利亞沙漠商隊貿易走廊沿線的以色列誓約共同體，都是如此。亞洲又是另外一種景觀。

亞洲的各民族之對外貿易，主要是採取閉鎖或極端限制的立場。直到被武力強迫開放門戶之前，中國、日本與韓國莫不是如此，而西藏至今仍然不變。印度的大多數地區雖然本質上較不那麼強烈，但仍然可以感受到那樣的立場。在中國與韓國，對外貿易的限制是取決於俸祿化的過程，由於俸祿化，經濟被自然而然地導向傳統主義式的停滯狀態。任何的改變都會危及官紳階層的收入利益。在日本，封建體制的利益同樣導致經濟的停滯化。

此外，另有一層儀式性的因素也起了作用(西藏即是如此)：外國人踏入神聖場所會驚動鬼神，並帶來巫術性的禍害。根據遊記

---

[8] 狄爾泰(W. Dilthey, 1833-1911)，德國哲學家。——譯註

(主要是關於韓國)，我們看到：當歐洲人出現在神聖場所時，民眾是多麼狂躁不安地害怕會有這種結果。在印度——最不那麼封閉的地方，對於旅行愈來愈強的儀式性顧忌，特別是在儀式上不淨的野蠻地區旅行的疑慮，使得對外貿易遭受反對，並產生政治上的顧慮而儘可能限制外人的入境許可。政治上的顧慮在所有其他地方，特別是在東亞地區，畢竟也是政治權力聽任儀式性的外人恐懼自由發展的最關鍵性因素。

本土文化的這種森嚴的門禁，是不是產生出某種所謂的"民族感情"(Nationalgefühl)呢？答案是否定的。亞洲知識階層的本色根本地阻止了"民族的"政治實體的產生——如西方自中古後期以來所發展起來的那樣一種類型，而我們對於民族國家的完整觀念，也是近代西方的知識階層才開展出來的。亞洲文化地區本質上欠缺語言共同體。文化用語，若非宗教語言，即為文人語言。換言之，在貴族的印度人地區，用的是梵文，在中國、韓國與日本，用的是中國官紳的語言。此種語言，相當於拉丁文在中古時期的地位，或者如希臘文在古代末期的中東、阿拉伯文在回教世界、或教會用的斯拉夫文和希伯來文在其相應的文化地區裡的地位。在大乘佛教的文化地區，情形一直是如此。在小乘佛教地區(緬甸、錫蘭、暹邏)，基本上民族方言是被當作布教用語，而且導師的神權政治是如此地絕對，以致於根本不可能產生任何一種由知識階層所構成的俗世的政治共同體，除了由僧侶來組成的之外。只有在日本，封建制的發展帶來一種真正"民族的"共同體意識，只不過主要是奠基於身分性的—武士的基礎上。

在中國，儒教審美的文書文化與所有庶民階層的文化之間存在著鉅大鴻溝，以致於那兒只有士人階層的一種教養身分的共同體存在，而整體意識也只擴展到這個階層本身能直接發揮影響力的範圍內(當然，這影響力是不小的)。換言之，帝國(Imperium)，如我們先前所述的，基本上是由各省組成的聯邦國家，只不過是靠著職權定期交替的高級官員，四出於非故鄉地區當政，才融合爲一個統一體。無論如何，在中國，日本也一樣，總是存在著這麼一個用心於純粹政治利害關係的、因而也是具有學識的階層。就連這麼一個階層也沒有的，是印度獨特的救世論所駐足的整個亞洲地區，除了西藏——在此，這個階層作爲僧院領主階層而高踞於大眾之上，也因此和他們沒有什麼"國民的"關係。亞洲的敎養階層總是一徑地"固守"在自己固有的利害關懷裡。

　　如果有個知識階層深入地追索世界及其自身生命的"意義"，並且——在此種直接理性主義的努力失敗之後——體驗性地去加以掌握，接著再將此種體驗間接理性主義地提升到意識上來，那麼，這個知識階層總會走向印度之無形式的神秘主義，而進入那隱於俗世背後的平靜綠野裡。另一方面，若是一個知識階層拋棄那種逃離世俗的努力，而代之以有意識地、意圖地在優美身段的風雅與品位裡，追尋現世內之自我完成的最高可能目標，那麼，不論怎樣他都會走到儒敎高貴的(君子)理想的軌道上來。不過，所有亞洲的知識人文化，本質上都是這兩種要素交錯融合而成的。

　　透過應付"日日之要求"的單純行爲，以贏得與真實世界的那種關係——此乃西方特有的"人格"意義之基礎——，這樣的思想，對於亞洲知識人文化而言，和以下這種想法一樣的遙遠，換言之，藉著發現世界固有的、非人格的法則性，而實際地支配世界的那種西方的、純粹切事的理性主義[9]。亞洲的知識人以嚴格的儀式性和教權制的方式將自己的生活樣式定型化，以免落入西方近代那種方式的追尋，亦即：將自己與所有其他人對立起來，以追求唯一個己的獨特所在，緊緊抓住自己以逃脫泥沼，直到形成一種"人格"。對他們而言，這不啻是一種徒勞無功的努力，就像試圖有計畫地去發現某種特有的藝術形式一樣，結果不過是"樣式"罷了。他們那種半是神秘主義的，半是現世內審美的自律目標，除了藉著完全脫離於生活的各種現實勢力的方式來追求以外，別無他法。這就遠離了"大眾"在實際行動上的利害關懷，也因此而聽任他們束縛於完好無缺的巫術網羅裡。

　　整個社會分裂成兩半，一邊是有知識、有教養的階層，一邊是沒有教養的平民大眾。對於高貴的階層，諸如自然、藝術、倫理、經濟等現實世界之切事的內在秩序，全都隱而不顯，因為他們對這些似乎一點興趣也沒有。他們的生活樣式是以獲得非日常性為取向，例如，將其重點徹頭徹尾置於追循**模範型**先知或智者上。然而，對於平民大眾，倫理的、理性地規範其日常生活的**使命型**先知預言卻沒有出現。這樣的先知預言出現在西方，特別是在近東，帶來極為廣泛深遠的影響，不過，卻是以極為獨特的歷史情境為其先決條件，若無此種先決條件，則儘管自然條件有多

---

[9] 中國的某些(不是全部)發明是用來派在藝術的用場上，而不是派作經濟用途——此事並不是像Percival Lowell所想的那樣具有特徵性的意義。實驗，在西方是從藝術裡生出來的，許多的"發明"，也包括在亞洲很重要的戰爭技術和神療術目的的發明，原先都屬於藝術。然而，藝術被"理性化"，並且實驗在此基礎上步向科學，這些對西方而言都是關鍵性的。在東方，我們所謂的朝向專業理性的"進步"之所以受阻，並不是由於"非個人性"(Unpersönlichkeit)，而是由於"非切事性"(Unsachlichkeit)。

麼不同，那兒的發展還是極可能輕易的就走上類似亞洲、尤其是
印度的軌道。

附錄一

參考文獻

　　要認識印度，尤其是種姓制度，基礎在於統計數字以及特別是出色的社會學研究，這都包含在行之十年的普查報告公刊裡(《印度普查報告》，通常是以一篇通論性的報告為首，然後是各州的詳細資料，除了純粹的數據篇章之外，尚有明列統計圖表的報告。出版地點：加爾各答)。1901年的普查之所以有其特殊價值，是因為它首度提供了有關全印度的綜合性素材，爾後1911年的普查則在許多重點上加以補充。李士萊(Risley，《孟加拉的種姓與部族[1]》的作者)、布蘭特(Blunt)、蓋特(Gait)等人綜論性的著述和地方性的報導，是一般社會學文獻當中最為上乘之作。

　　有關印度的一本獨到的工具書是《印度帝國地名辭典》(*The Imperial Gazeteer of India*)，地名依字母順序排列，為首的四卷序論名為《印度帝國》(*The Indian Empire*, New Ed., Oxford Clarendon Press, 1908-9)，有系統地論述自然、歷史、經濟、社會及文化等狀態。有關種姓的起源，普查報告的作者亦討論了諸多近代學者的理論，諸如塞納(Senart)的《印度的種姓》(*Les Castes dans L'Inde*, Paris, 1896)、

---

[1] *Castes and Tribes of Bengal*, Calc, 1891-2。

布格列(Bouglé)的《種姓制度論》(*Essai sur le Regime des Castes, Travaille de L'Annee Sociologique*, Paris, 1908)、以及聶斯菲德(Nesfield)的舊作《西北諸省及奧德地區的種姓制度簡論》(*Brief View of the Caste System of the Western Provinces and Oudh*, Allahabad, 1885)。最出色的晚近著作爲拜尼斯(Baines)的〈民俗誌〉("Ethnography", *Grundriss der Indo-arischen Philologie*, Bühler Ed., Strassburg, 1912),附有詳盡的文獻目錄。以上這些著作以及德國傑出的印度學學者章伯(A. Weber)、齊默(Zimmer)、奧登堡(H. Oldenberg)等人關於文化史方面有名的大部頭研究,我們當然通貫全書處處引用,唯在涉及獨特事實之處,便會特別加以註明。

在印度社會史方面,最好的一本著作是費克(R. Fick)的《佛陀時代之東北印度的社會結構》(*Soziale Gliederung im nordestlichen Indien zu Buddhas Zeit*, Kiel, 1897)。在適當之處我們也會引用霍普金斯(Washburne Hopkins, 特別是其所著的《印度今昔》[2])及戴維茲(Caroline Davids)等人的著作加以補充。在歷史文獻方面,我們特別是參考史密斯(A. Smith)的《印度古代史:從西元前六世紀到回教的征服》(*Early History of India from 600 B.C. to the Mohammedan Conquest*, Oxford, 1904)、杜夫(Grant Duff)的《摩訶剌侘族的歷史》(*History of the Mahrattas*, London, 1911),以及類似《印度統治者叢書》(*Rulers of India Series*, Oxford)之類的作品。好的入門性概說則可在《印度帝國》中找到。其他的文獻則在適當之處引用之。關於近代軍事史就屬侯恩(P.Horn)的《蒙兀兒大帝國的軍隊與戰事》

---

[2] *India Old and New*, New York, 1911。

(*Heer- und Kriegswesen der Großmghuls*, Leiden, 1894)最稱便捷。在
經濟史方面，參考資料則於引用處加以註明。

　　紀念建築物上為數甚夥的銘文為專題歷史提供了莫大的資料來
源，然而這些材料至今尚甚少被綜合性地運用。這些碑文大多數是
以原文附上翻譯的形式加上語文和內容的註解陸續出版，部分刊登
於考古學雜誌《印度古代學》(*Indian Antiquary*, 至今已刊行四開本
45卷)，部分刊登於純粹的碑銘學辨認《印度碑銘學》(*Epigraphia
Indica*)。兩個雜誌裡刊載著胡爾采(Hultzsch)、弗利特(Fleet)以及特
別是必勒(Bühler)等人精彩的專題研究。可惜作者手邊無法參考到胡
爾采的《南印度碑文》(*South Indian Inscriptions*)與《印度碑文集
成》(*Corpus Inscript. Indic*)。

　　在無以數計的文獻資料中，吠陀經典最重要的部分已有德文與
英文的翻譯。此外，社會學角度的研究可參考皮歇爾(Pischel)與葛德
納(Geldner)的精彩著作《吠陀研究》(*Vedische Studien*)；關於婆羅門
的發展則為布倫菲德(Bloomfield)的《阿闥婆吠陀》(*Atharva Vedar*,
in *Grundriss der Indo-arischen Philologie*, Bühler Ed., Strassburg,
1899)；在宗教發展方面則為奧登堡(H. Oldenberg)的《吠陀的宗教》
(*Die Religion des Veda*)。史詩當中，《摩訶婆羅多》(*Mahābharata*)
與《羅摩耶那》(*Ramayana*)已有部分被翻譯出來，關於前者可參考
達曼(S. J. Dahlmann)所著《兼為史詩與法典的摩訶婆羅多》(*Das
Mahābharata als Epos und Rechtsbuch*, Berlin, 1895)。關於首陀羅的文
獻，目前已翻譯出來的可於《東方聖書》(*Sacred Books of the East*)
中找到。前面提及的費克、戴維茲夫人和霍普金斯等人關於佛教早
期印度社會的研究，所根據的是早期佛教徒非常重要的傳說《本生
經》(*Jataka*，已翻譯為英文)；其次為Apastamba, Manu, Vasishtha,

Brihaspati, Baudhāyana諸法典(都已收入《東方聖典》中)。關於印度
的法律，我們特別是參考了喬利(Jolly)的著作(收於必勒編的
Grundriss der Indo-arischen Philologie)以及必勒與魏斯特(West)合著
的《印度法律匯要》(*Digest of Hindu Law*, Bombay, 1867-69)。希臘
的資料由麥克葛林德(McGrindle)收集，以英譯文出版。中國人法顯
的遊記則有李格(Legge)的譯本。梵書(Brahmana)與富蘭那書(Purāna)
時期數量頗為可觀的固有宗教文獻當中，只要是被翻譯出來且被利
用到的，皆於本書第二部中註出。

　　對於印度教於今之為一種宗教體系，先前提及的普查報告書刊
當中已有入門性與概括性的介紹。至於歷史性的敘述，則見於比較
宗教學方面的種種匯集資料及《印度帝國》中。另參見巴斯(Barth)
的《印度的宗教》(*Les Religions de L'Inde*, Paris, 1879)，威廉斯
(Monier Williams)的《印度的宗教思想與生活》(*Religious Thought
and Life in India*, Part I, 1891)。其他利用到的著作與專題論文則於第
二部中引用。大多數的專題論文可在下列期刊中找到：*Journal of the
Royal Asiatic Society*(J.R.A.S), *Journal Asiatique*(J.A.), *Zeitschrift der
Deutschen Morgenländischen Gesellschaft*(Z.D.M.G.)。可惜我手邊沒有
關於各州的《地名辭典》(*Gazetters*)可以參考，《孟加拉的亞洲協會
期刊》(*Journal of the Asiatic Society of Bengal*)也只看到一部分。關於
印度文學，整體而言，參見溫特尼茨(Winternitz)的《印度文學史》
(*Geschichte der indischen Literatur*, Leipzig, 1908)。

附錄二
門戶開放的種姓

和所有關於印度教的一般觀念一樣,此處所謂的"門戶開放"也只是相對正確的。儘管同等順位的高級種姓間自古以來的排他性,如普查報告所刊載的,到了近代也時有鬆動的情形,但低等種姓則不只收容先前被破門出家的其他種姓成員,而且有時甚至行之完全漫無章法。例如孟買省的不淨種姓Bhangi,部分而言即是由上等種姓的破門出家者所組成。"聯合省"的Bhangi則是容許個人個別加入的一個例子(也因此,如布蘭特於1911年的普查報告書所說的,往往被視同為古法典中最低賤的不淨種姓羌達拉)。其他也有些種姓原則上接受個別加入者。特別是Baishnab此一教派種姓(毘濕奴派),即大量招徠喪失種姓者,如今更是招納反對婆羅門支配的叛離者。尚未完全被印度教化為"種姓"的"部族",以及仍然保有部族源起時之遺習的"部族種姓",也往往寬大地接受個別加入者。其中尤以織蓆者與織籃者這種異常低級的賤民部族最為寬容。愈是嚴格依照古典樣式而印度教化的種姓,排他性就愈強,而對於真正古老的印度教種姓而言,接受個別者的"加入"更是不可思議的事。

　　就以上事實，凱特卡(Ketkar)得到以下的結論[1]：各個種姓是否接納外來者，印度教是"聽其所好"，在這方面沒有任何種姓有權替別的種姓立下規矩。這也未免太言過其實，雖然後半段在形式上倒的確如此。只不過，當一個依印度教方式組織起來的種姓接受個別加入者時，便會危及其整個的血族關係。至於這種個別加入的種種前題條件與方式的相關"規則"，則至今尚未得見。實際上的個別加入事例，只不過表現出規則之所無，而非規則之存在。當一個地區體系性地施行印度教化之際，至少在古老的理論上，被印度教化的野蠻人(Mleccha)最多也只能加入最低下的不淨種姓羌達拉。

　　到底在怎樣的情況之下，一個被征服的蠻人之地才可作爲獻牲祭典的所在，換言之，成爲一個儀式上"潔淨"的地方？這個問題也時而被論及(例如《摩奴法典》卷二，頁二三)，而答案是：唯有當國王在那兒設下四大種姓，而使被征服的**野蠻人成爲羌達拉**之時。其他的種姓(包括首陀羅種姓在內)之得以在某處成立，也唯有在屬於該種姓的印度教徒進住當地之後才有可能，這根本是不證自明之理[2]。總而言之，野蠻人除了這麼"寒微起家"、從而透過輪迴再圖攀升之外，別無他法。這倒不是說"野蠻人"的社會地位就一定比被接納的不淨種姓來得低下。決定的標準在於生活樣式與生活習慣。

---

[1]　參照其所著的*Hinduism*(London, 1911)。

[2]　參照Vanamali Chakravanti, *Indian Antiquary*, 41, p. 76(1912)。他認爲東南部地區之所以會有這麼多羌達拉種姓，就是由於此種征服之際的"類似規則"使然。

　　根據1901年的普查報告，在"中央省"裡，置身於種姓體制之外的部族，倒由於本身並非"被征服者"，而享有比那些不淨的村落勞動者下級種姓更高的地位。如果他們被接納為種姓，當然也在潔淨的種姓之列。這和美國的印地安人與黑人享有不等的社會評價的情形，有著異曲同工之妙。究其實，印地安人之所以享有較高的評價，原因端在於"他們並未淪為奴隸"。因此，美國紳士可以和印地安人通婚、同桌同食，和黑人則從來也不。在種姓秩序未遭破壞的地區，一個非印度教徒，譬如一個歐洲人，只能雇到不淨種姓的成員來做家務，而儀式上純淨的印度教種姓人家所僱用的家僕，則毫無例外的是(而且也必須是)潔淨種姓出身者。本文中還會詳述這點。

附錄三

印度史綱[1]

康　樂

　　印度歷史的曖昧模糊，恰與其宗教思想的光輝燦爛，形成強烈的對比，這的確也是人類文明史上極端罕見的現象。不過，為了讀者閱讀本書時的方便，提供一幅簡單的歷史圖象，似乎還是有其必要。下面我們就以表列的方式，簡述各個主要時期。但是這個年代表並非連續不斷的，而且即使在編年秩序上沒有間隙，也往往只是某一個政治區域在一片黑暗中獨放光芒，通常也沒能持續太久。

　　一、一般公認，在年代不太能確定的西元前一千年以前的某一個時期，有一群稱為雅利安人的侵略者，從西北山區進入印度，他們與古代的伊朗人有相當密切的關係。當時的印度有其他的種族(或許是更早時期移入印度的)，也有相當程度的文明，只是這並無助於他們抵抗入侵者。他們被迫退往南方，通常稱為德拉威人(Dravidas)。編寫早期《梨俱吠陀》之時，雅利安人顯然是住

---

[1] 本文主要參考Charles Eliot著，李榮熙譯，《印度教與佛教史綱》第一卷(高雄：佛光出版社，1990)，頁179-209。

在旁遮普，對海洋一無所知。這些雅利安人分成幾個集團，其中特別被提到的有五個。我們聽說在拉維河上發生過一次大戰，在此次戰役中，有十個國王的聯軍想以武力向東推進，結果遭到挫敗。但是另外一支向東南方前進的軍隊，則成功的越過現在的聯合省而抵達孟加拉一帶。到了《梵書》及早期《奧義書》編成之時(大約是西元前800年至600年)，主要的政治勢力是住在德里地區的畔遮羅人和拘盧人。

二、印度的信史開始於西元前六世紀佛陀生活的時期。當時北印度的諸小國雖然已有君主或貴族，但權力仍受到部落會議的極大限制。而其他的一些大國則已經轉化爲絕對君主專制的政體，並亟謀吞併這些小國。佛陀自己的國家(加毘羅衛)，當他還在世時，即已爲拘薩羅所征服。在此時期及以後的大約二百年間，波斯帝國在這個地區有兩個屬地：一個被稱爲"印度"，包括印度河以東、部份旁遮普地區；另一則爲"犍陀羅"，在今巴基斯坦白夏瓦一帶。

三、西元前327年，亞歷山大大帝在消滅波斯帝國後，侵入印度，他在印度只逗留了十九個月。西元前322年，亦即亞歷山大死後的第二年，摩竭陀國王室的後裔旃陀羅笈多結束了馬其頓人在印度的勢力，取得王位，建立了孔雀王朝。他的孫子阿育王是第一個統治全印度的君主，在他統治時期(約273-231 B.C.)，孔雀王朝擴張成一個帝國，統治領域從阿富汗一直延伸到印度半島的最南端。阿育王是個虔誠的佛教徒，佛教在此後的幾個世紀中成爲印度最爲重要的宗教，基本上也是由於他的努力。在內政方面，阿育王頗爲接近我們儒家所強調的聖君，雖然是個專制君主，實行的卻是一種我們或可稱之為"福利國家"的政策。阿育王的帝國在他去世後即告崩潰，印度也再度進入一個混亂時期。

亞歷山大的侵略沒有產生多少直接的影響，印度的文獻中根本就沒有提到這件事。但是它對於印度人的政治、藝術和宗教發展則有很大的影響；而且也為以後一連串從西方及北方來的侵略鋪平了道路，從而在印度的西北部興起了許多的小國，《彌蘭陀王所問經》裡的希臘人彌蘭陀王，就是西元前二世紀中葉這樣的一個君主。這些侵略帶來了一種包含有希臘、波斯及其他因素的混合文化。

月支人也是這陣入侵浪潮中的一支，他們原本游牧於中國西部的敦煌、祁連山一帶，到了西元前二世紀中葉，受到匈奴人的攻擊，向西遷移，「過宛，西擊大夏而臣之，遂都媯水(阿姆河)北，為王庭」(《史記‧大宛列傳》)。此後的發展，在《後漢書‧西域傳》裡有一段簡短的記載，「遷於大夏，分其國休密、雙靡、貴霜、肸頓、都密，凡五翕侯。後百餘歲，貴霜翕侯丘就卻攻滅四翕侯，自立為王，國號貴霜。侵安息、取高附地，又滅濮達、罽賓，悉有其國」。這就是貴霜帝國。貴霜帝國繼續擴張，到了西元一世紀中葉，領土已包括有今日的阿富汗、巴基斯坦與印度西北地區。這個王朝最著名的君主就是迦膩色迦，他與大乘佛教的興起有著密切的關係。這個帝國結束於西元三世紀，其崩潰的原因則含糊不清。

四、印度本土的笈多王朝興起於西元320年，我們再度回到比較清楚的歷史脈絡中。這個王朝大致標誌著現代印度教的開始，也是反對佛教的復古運動的開始。笈多王朝統治了幾乎整個的北印度，一直到西元五世紀末才被厭噠人（匈奴人的一支）所推翻。北印度再度陷入混亂之中。

西元七世紀初，戒日王（606-647）經過多年的爭戰，重新建立了一個國家，大致可與笈多王朝的富貴和繁榮相媲美。唐代玄奘西行取經時，曾經訪問過他的朝廷。不過，這個帝國在戒日王去世後即告崩潰。

五、從西元650年至1000年，印度分裂成許多獨立王國，沒有顯著的中央權力存在，印度史上稱之爲拉吉普時期。

六、西元1000年以後，回教徒的侵略成爲印度史上最重要的大事。他們以巴基斯坦及印度西北邊境爲基地，對印度本土發動一連串的攻擊，在這些攻擊行動中，北印度與中印度的王國幾乎全部被摧毀，連帶的當然還有無數的印度教與佛教的寺院和僧侶，印度教在此後的歲月中逐漸復甦，佛教則一蹶不振，從此自印度消聲匿跡。

不過，即使是在這麼艱困的環境中，南印度及孟加拉、奧利薩、和拉吉普特一帶仍頑強抵抗，這些地區的印度教徒一直到阿克巴時代都能夠維持政治上的獨立。

七、1526年，蒙兀兒帝國興起，到了第三代君主阿克巴的統治時期(1556-1605)，帝國聲勢達於極盛，幾乎奄有印度全境。由於在宗教上採取容忍的政策，阿克巴及其後繼的一兩個君主得到其印度教臣民的敬服，這也是蒙兀兒帝國在他之後還能維持近百年長治久安之局面的主要緣故。然而，在此同時，歐洲人的勢力從十六世紀開始，也已悄悄伸展至印度半島，首先是葡萄牙人據有半島南端的果阿，接著是法國人與英國人。等到十八世紀初，蒙兀兒帝國由盛轉衰，歐洲人逐步掌控大局，最終則是整個印度

半島成為大不列顛帝國的屬地，這已經進入印度史上最近代的階
段。

譯名對照表

Abbe Raynal	雷納神父
abhimukhi	現前地
abrāhmana	無祭司者
acalā	不動地
ācārya	阿闍梨，師傅
Acela-Kassapa	阿支羅迦葉
Acharanga Sūtra	阿迦朗迦經
Açoka	阿育王
Adhvaryu	祭供者
adhyātma-vidyā	內明
Ādibuddha	本初佛
Ādi Granth	(錫克教)根本聖典
Aham Brahma asmi	我者梵也
Ahimsā	禁止殺生，殺生戒
Ahmadabad	阿瑪達巴德
Ajenda Cave	阿京達佛窟
ajīva	無命
Ājivika	阿時縛迦派
Akbar	阿克巴
Aksobhya	阿閦
ālaya-vijñāna	阿賴耶識
Allahabad-Kausambi	阿拉哈巴—憍薩彌
Allmend	共有地
Alters-klassen	年齡階級
Alvar	阿爾瓦

Amatya	阿瑪泰雅
Amitābha	阿彌陀
Amogha-siddhi	不空成就
Amritsar	阿穆利薩
Ānanda	阿難
anāgāmin	阿那含
anitya	無常性
Anomismus	無規範狀態
Anstaltsgnade	制度恩寵
anustubh	阿魯西圖布
anuttarayoga-tantra	無上瑜伽怛特羅
aparigraha	離欲
Apparat	機器
Aquinas, Thomas	阿奎那
Āranyaka	森林書，阿蘭耶迦
arca	恭敬
arcismati	焰慧地
arhat	阿羅漢，聖者
Arivar	苦行者
Arjan Mal	阿爾瓊
Arjuna	有修
Arrian	阿里安
Arthaśāstra	實利論
arti maggiori	上層行會
arti minori	下階層行會
arugah	扈從
Ārya	雅利安
Ārya Samāj	雅利安協會
assal	貴族
asteya	禁受非自願的供物
aśvamedha	馬祭
Ataraxie	不動心
Atharvaveda	阿闥婆吠陀

ātman	阿特曼，自我，本我
avadhi	自覺智，他界智
avatāra	權化
avidyā	無明
aviyabhicarin	不變的
Babur	拔巴
Bādarāyana	跋多羅衍那
Badami	巴達密
Baden-Powell	巴登-鮑威爾
bahishkara	破門律
Baidya	拜迪雅
Baines	拜尼斯
Bakchylides	巴奇里底斯
Banhar	邦哈爾，祭司
Bankura	邦庫拉
Basava	巴沙伐
Bazar	市場
Bazarhandwerk	市場工匠
Becker, C. H.	貝克
Benares	波羅奈，貝拿勒斯
Berserker	(北歐的)勇猛戰士
Beruf	職業
Berufsstand	職業身分團體
Berufstreue	職業忠誠
Berufung	召喚
Besārh	毘薩爾
Bhagavad-gita	薄伽梵歌
Bhagavat	薄伽梵派
Bhakta	薄伽塔派
bhakti	信愛
Bhaniya	邦尼亞
Bhattācārya	巴達阿闍梨

bhava	有
bheda	挑撥離間
Bhrigu	波利怙
bhūmi	地，住處，住持
Bhūta-tathatā	眞如
Bimbisara	頻婆娑羅
birt	地權確認
Bkra-śis Ihun-po	札什倫布寺
Blunt	布蘭特
Blutbann	流血禁制權
bodhi	開悟
bodhicitta	菩提心
Bodhidharma	菩提達磨
Bodhisattva	菩薩，救贖者
Bopp, F.	伯普
Bouglé	布格列
Brāhma Samāj	梵教會
Brāhmana	梵書
Brahma	梵天
Brahmacārin	梵行期，見習僧
Brahmacarya	貞潔
Brahman	祈禱者，婆羅門
Brahmanismus	婆羅門教
Bühler	必勒
bull of Apis	阿庇斯聖牛
Bürgermeister	市長
Bürgertum	市民階層
Burnouf, E.	布諾夫
çaçvata dharma	永恆的法
cakravartirājan	轉輪聖王
Calcutta	加爾各答
capitano del popolo	人民首長

daikwan	代官
dakshinā	襯，贈禮
daksinā	布施
danda	出兵討伐
Dandin	當定
Darbar Sāhib	(錫克教本山)黃金寺
darśa-māsa	新月祭
Dasyu	大斯尤
Dayānanda Sarasvati	戴雅南達沙熱斯婆地
decuriones	市議員
Demiurg	造物主，狄米爾格
Democritus	德謨克利圖
Deputatleute	實物給付雇工
Derwisch	得未使，回教的苦行僧
Deus ex machina	機器降神
Deussen, P.	多伊森
Deva	神
deva-loka	天，提婆
Devadatta	提婆達多，調達
devayana	天道
dhāranī	眞言，陀羅尼
Dharma	法
dharma kāya	法身
Dharma Mahāmatra	正法官
Dharma Sūtra	法經
Dharma-rāja	法王
dharmameghā	法雲地
Dienstland	服務領地
Digambara	天衣派
Dilthey, W.	狄爾泰
Dinggenosse	司法集會人
Diocletian	戴奧克里先
Diodorus	迪奧多魯斯

Directeur de l'âme	精神指導者，靈魂司牧者
Draupadi	德珞帕娣
Dravidas	德拉威人
Duff, Grant	杜夫
Duke of Saxony	薩克森公爵
Dumont, Louis	杜蒙
Durgā	杜迦
Dvaitavādin	二元論派
Dvapara	德瓦帕拉
ecclesia pura	純粹信徒團
echtes Ding	司法集會
Ehekartell	婚姻聯盟
Eigengesetzlichkeit	固有法則性
eleusinische Mysterien	穀神祭典
Elizabeth of Hungary, Saint	聖伊利莎白
Empedokles	恩培多克立斯
Epiphanien	道成肉身
ergasteria	作坊
Eteobutadae	埃提歐布塔德
ex opere operato	因其作為
extra ecclesiam nulla salus	教會之外無救贖
Faraday	法拉第
Felonie	違反封建義務
Fichte, J. G.	費希特
Fick, R.	費克
fides explicita	信仰之宣示
fides implicita	信仰之默示
Fontenoy	芳騰乃
Franz Xavier	聖方濟・沙勿略
Fürstentum	君侯制

Gait	蓋特
Gandak	干達克河
Gandhāra	乾陀羅，健馱邏，犍陀羅
Gandharewa	乾闥列瓦
Gandharva	乾闥婆
Ganeśa	智慧學問之神
Garbe	蓋伯
Garuda	金翅鳥迦樓羅
Gastvolk	客族
Gautama	喬達摩
Gautama Buddha	瞿曇佛陀
Gavāmayana	迦凡阿雅納
gāyatrī	家耶特利
Geburtsreligion	血族宗教
Geburtsstand	血族身分團體
Geldner	葛德納
Gemeinde	教團
Gentilcharisma	氏族卡理斯瑪
Ghetto	(猶太人的)聚居
Gilde	商人行會
Gitagovinda	戈文達之歌
Gladstone	葛萊斯頓
Glaubenswahrheit	信仰眞理
Gnadenanstalt	恩寵機構
Gnosis	靈知
Gnosticism	諾斯提教派
gnostiker	靈知者
Gokulanātha	哥古拉薩
Golden Bull	金皮書
Gopī	戈比
Gosāīn	法師
Govind Singh	哥賓德辛格
Govinda	戈文達

gratia cooperativa	合作的恩寵
gratia irresistibilis	不可避免的恩寵
Gregory VII	教宗葛列格里七世
grihastha	在家者，家長，家住期
Grihya-sūtra	家庭經
Großmoghul	蒙兀兒
Grundherr	莊園領主
guhyā ādeśāh	秘密教義
Gujarat	古加拉特
guna	功德
Guru	導師
Guttmann, J.	古德曼
Hagiolatrie	聖徒崇拜
Hanover	漢諾威
Hardwar	哈德瓦
Harsha of Kanauj	戒日王
hatha Yoga	哈塔瑜伽
Helotenhandwerk	隸屬民工匠
Henotheismus	單一神教
Herakleitos	赫拉克利圖斯
Herrenfall	封君死亡
hetu-vidyā	因明
Hierurgie	聖儀學
himsā	殺生
Hinduismus	印度教
hinter-weltliches Reich	隱於俗世背後的國度
ho gnostikos	智者
ho pneumatikos	靈人
ho psukhikos	心靈人
ho sōmatikos	肉體人
Hohenstaufen	霍恩斯道芬
Hopkins, W.	霍普金斯

Hotar	勸請者
Huysmans	修斯曼斯
hyliker	唯物者
Hyper-gamie	上嫁婚
Ignatius	伊格那修
Imperial Gazeteer	印度地名辭典
in jus vocatio	傳喚法
Inatriputra	伊邪特里普特拉
Incognito	偷生微行
Indra	因陀羅
Inkarnationsapotheose	化身神化說
inkyo	隱居
Instleute	實物給付雇工
Intellektuellensoteriologie	主智主義救世論
īśvara	支配者
Īśvarakrishna	伊濕伐羅克里什那
jagatī	第耶嘉提
Jagirdar	查吉達
Jaimini	耆米尼
jajmani	主顧關係
Jalalabad	迦拉拉巴
Jalasa-bhesaja	治療者
janapad	鄉民
Jangama-linga	攜帶用靈根
Janus	門神
Jataka	本生經
Jina	勝利者
Jinismus	耆那教
jīva	命
jivanmukti	生前解脫
jñāna-yoga	正知，智瑜伽

jñānakānda	智品
Jumna	朱木那河
Jyaistha	逝瑟吒月
Kabinettsjustiz	王室裁判
kachcha	水煮的食物，卡恰
Kadi	卡地
Kalaçoka	黑阿育王
Kali	卡利
Kalinga	羯陵迦
Kalpa-sūtra	劫波經
kāma	愛欲
Kambojas	柬波迦人
Kammalar	卡瑪拉
Kanāda	羯邢陀
Kanauji	卡娜齊，羯若鞠蘭
Kanawsa	迦納瓦沙
Kaniska	迦膩色迦
Kapilavastu	迦毘羅衛國
Kapila	迦毘羅
Kaplanokratie	助理司祭
Karma	業報
karma-sthāna	業處
karma-yoga	正行，業瑜伽
karmakānda	業品
Kartell	卡特爾
karunā	慈悲
Kasbah	軍營
Kasi	徒士
Kaste	種姓
Kasten-soteriologie	種姓的救世論
Kauravas	庫拉閥
Kautaliya	考他利雅

Kayastha	書記種姓，卡雅斯特
Ketkar	凱特卡
kevala	義智，絕對智
Khālsā	卡爾薩
Khandadi Pāhul	(錫克教)劍之洗禮
Khandogya	旃多格耶奧義書
Khati	卡地
Khatri	卡特利
khubilgan	呼畢勒罕，化身
Khunbi	昆比
khutuktu	呼圖克圖
Kirchenstaat	教會國家
Klero	份地
Klostergrundherrschaft	僧院領主制
Klosterseßhaftig-keit	僧院居住制
kokudaka	年貢米額
Kośalā	憍薩羅，拘舍羅，拘薩羅
Krishna	克里什那
Krita	克利塔
kriyā-tantra	作怛特羅
kriyā-yoga	作瑜伽
Kryptoerotik	秘密性愛
ksaya	抵消
Kshatriya	刹帝利
Kuli	苦力
Kumārila Bhatt	鳩摩利羅·巴達
kuscha	鄉村市鎮
Kybele	奇碧莉女神
Lahore	拉合爾
Laksmi	拉克什米
Lalita Vistara	方廣大莊嚴經
Lambardar	蘭巴德

Landleute	農民
Lebensführung	生活樣式
Leiturgischeshandwerk	賦役制工匠
Lingayat	靈根派
Literatenland	士人國家
Lohar	羅哈爾
Lokāyata	順世派
Londongänger	倫敦行走
Lumbini	藍毗尼
ma-kāra	五摩字
Mach, Ernst	馬赫
Machiavelli, Niccolo	馬基維利
Madhva	摩陀婆
madhyamā-pratipad	中道
Magadha	摩揭陀
Maghavan	騎士團
Mahābhārata	摩訶婆羅多
Mahābhāsya	摩訶巴夏
Mahādeva	大天，摩訶提婆
Mahājan	(印度的)行會團體
Mahānāma	大名
Mahāpurāna	大富蘭那
Mahārāja	君王
Maharastra	馬哈拉施特拉邦
Mahāratha	摩訶刺侘
Mahāsanghika	大眾部
Mahāsena	(錫蘭)摩訶斯那
Mahāvira	大勇
Maheśvara	摩醯首羅，大自在天，濕婆
Mahinda	瑪興達，摩哂陀
Mahratten-Peschwas	摩訶刺侘‧波斯瓦
mahta	代理人

Maidari Hutuktu	麥達理呼圖克圖
Mainz	美因茲
Maitrāyana	美特羅耶那奧義書
Maitreya	彌勒
maitri	慈悲
majha	王田
major domo	宮宰
Malabar	瑪拉巴
Malukya	摩羅迦
Malwa	摩爾瓦
manahparyāya	慧智，他心智
Mānava-dharma-sūtra	摩奴法經
Männerbund	男子聯盟
Männerhaus	男子集會所
mantra	曼陀羅，眞言
mantrayāna	眞言乘
Manu	摩奴
Manu-smrti	摩奴法典
mārga	道，救贖目標
Margrave of Brandenburg	布蘭登堡侯爵
Marktflecken	市鎭
Marktherrn	行會長老，市場有力人士
Maruts	馬爾殊眾神
maschiach	彌賽亞
Maskari Gosāliputra	末伽梨拘舍梨子
mata	教義
Math	修道院
Mathenat	僧院院長
Mathurā	秣菟羅，摩頭羅
mati	思智
Maurya	孔雀王朝
Max Müller	繆勒
Maya	摩耶夫人

māyā	幻相
Megasthenes	麥伽塞因斯
Melier	邁利爾人
Memphis	孟斐斯
mercanzia	商人團體
Meyer, Ed.	邁爾
Mißehe	非正婚
midzunomi	喝水者
Milinda	彌蘭陀王
Mimāmsā	彌曼差派
Ministeriale	家士
mirasi	出身權
Missionsreligion	布教的宗敎
Mithra	米朵拉
Mleccha	彌戾車，蠻人
Monotheismus	單神崇拜
Montanus	孟塔奴斯
Moshuah	(以色列的)摩修亞
mouza	市場
Mudeka	穆達卡奧義書
mukti	解脫
Mullah	(回敎的)神學者
munda	村落首領
Mysore	邁索爾
nagara	要塞
Nagarahāra	那竭，那揭羅曷
Nāgārjuna	龍樹
Nagendra Nath Vasu	婆藪
Nahrungen	營生，具營業權者
Naisthika	終身行者
Nal-Ya-tsan-thee	精靈之村
Nānak	那那克

Narayana	那羅延天
Nataputta	那塔普他
Nerbuddha	尼布德哈河
Nesfield	聶斯菲德
Nirgrantha-putra	尼乾子
nirmāna kāya	應身
nirupadhiśesa-nirvāna	無餘涅槃
nirvāna	涅槃
niskama	不帶利害關心
niyama	五內制
Noblesse de la robe	法服貴族
Nyāya	尼夜耶派
Nyāya-sūtra	尼夜耶經
Oberpontifex	最高祭司長
Oberpristertum	最高祭司長制
Oikenhandwerk	莊宅工匠
Oikos	莊宅
Oldenberg	奧登堡
opera supererogatoria	恩寵剩餘論
Opfergeber	供物奉獻者
Orissa	奧利薩
Otto the Great	奧圖大帝
Oudh	奧德
Padaiachia	(錫蘭的)傭兵
Padma-pāni	蓮華手菩薩
Padma-sambhava	蓮華生
Paechter	愛爾蘭佃農
pahoor	祭司田地
pakka	奶油烹煮的食物，帕卡
Palazzo Pubblico	市政廳
Pan-chen-rin-po-che	班禪仁波切

Pañcatantra	五卷書
panchayat	潘恰雅特
Pandavas	潘達閥
Pandit	聖法習得者
Pandjab	旁遮普
Pandu	潘度
pani	商人
pārājika	波羅夷
paramātman	缽羅摩特曼
paramam guhyam	最上秘密
pāramitā	波羅蜜，彼岸
parayana	通過
Pariavolk	賤民
parigraha	攝取
parisad	會坐
Parsi	帕西教徒
Pārśvanātha	巴濕伐那陀
Pārvati	帕瓦蒂
Pāśupata	獸主派
Paśupati	獸主
Patañjali	巴丹闍梨
Patel	村長
Patitasāvitrīkā	失權者
Patna	巴特那，華氏城
paura	市民
paurna-māsa	滿月祭
Peace of Westphalia	西發里亞和平條約
Peschwa	波斯瓦
Peshawar	白夏瓦
Pfründe	俸祿
Phratrie	氏族
Phratrieverband	氏族團體
Pisang	農民

Pisano	匹薩諾
Pischel	皮歇爾
Pitr	父祖
pitryana	祖道
Pius X	庇護十世
pizza del campo	比武，競技場
Platon Karatajew	普拉東・卡拉塔耶夫
Pocahontas	波卡洪塔斯
popolo grasso	富裕市民
posadha	布薩
Prädestination	預定
prabhākarī	發光地
Prabhu	普拉布
Prajāpati	生主
prajñā	智慧
prajñā-pāramitā	般若波羅蜜，到達彼岸的智慧
prakriti	自性
pramudita	歡喜地
prasāda	恩寵，信仰
pratimoksa	戒律，波羅提木叉
Pratyeka-Buddha	緣覺
pravrajyā	出家
Preta-rāja	死者之王
Pulakesin	補羅稽舍
pura	要塞
Purāna	富蘭那書
purohita	帝師，宮廷婆羅門，宮廷祭司
puruabhishaka	聖輪
purusha	神我
Purusha Sukta	原人歌
Quaker	貴格派
Qui trompe-t-on	我們現在讓誰上鉤

Rādhā	娜達
Rāma	羅摩
Rāmānanda	羅摩難德
Rāmānuja	羅摩拏遮
Rāmāyana	羅摩耶那
Rām Dās	拉姆達斯
Rām Mohan Roy	藍姆漢羅伊
Rāja	氏族長
rajas	激質
Rajbansi	拉吉旁西
Rajput	拉吉普
Rajputana	拉吉普塔那
Ratna-sambhava	寶生
Rausch-Orgie	陶醉狂迷
Rechtsfindung	法發現
Rechtsweisen	律例的宣示，判決提案
religiöses Virtuosentum	宗教達人
Rentner	坐食者
Rgyal-ba-rim-po-che	噶巴仁波切
Rhys Davids	戴維茲
Rigveda	梨俱吠陀
Rishi	仙人
Risley	李士萊
rita	天則
robe courte	短袍
robe longue	長袍
Robert	羅伯特
roi fainéant	怠惰的王
Rückert	里克特
Rudra	魯特羅
Rupnath	羅缽娜

Sabbakāmin	一切去
śabda-vidyā	聲明
sabhā	集會，薩巴
sādhu	修道僧
sādhumati	善慧地
sādhya	化
Śaiśunāga	西蘇納加
sakama	帶有利害關心
sakrd-āgāmin	斯陀含
Śākta	性力派
śakti	性力
Salian	撒利安
salokya	在神的世界裡
samādhi	三昧
Samāvartana	歸家禮
Samaveda	沙磨吠陀
sambhoga kāya	報身
samgha	僧伽
samgīti	合誦，結集
Samhitā	吠陀本集
samipya	靠近神
Sāmkhya	僧佉，數論派
Sāmkhya-kārikā	僧佉頌
sammā-sambuddha	三藐三佛陀，正等覺者
samnyāsin	遊方僧
sāmrn	甜言密語
Samsāra	靈魂輪迴信仰
samsad	集坐
Sanchi	馨溪
Śankara	商羯羅
Sankeshwar	桑喀什瓦
Sannyāsin	遁世期
Sar panch	種姓首長

Saranyu	娑郎尤
Sarasvati	薩拉斯瓦蒂
sarupya	化身爲神
Śarva	殺者
Sarvāsti-vāda	說一切有部
Sa-skya	薩迦寺
Śāśvata	常住
Śatarūpā	舍多嚕波
satpadārtha	六句義
Satśūdra	"潔淨的"首陀羅
sattva	有情，眾生，純質
sayujya	靈魂與宇宙全一者合一
Schelling, W. J. V.	薛林
Schmidt, Richard	施密特
Schmoller, Gustav	史摩勒
Schröder, v.	史勒德
Schreschthi	行會長老，富裕商人
Schri Śankarācārya	商羯羅阿闍梨
Schurtz, Heinrich	舒茲
Schwertschlag	臣服禮
Sekte	教派
Sekten-Kaste	教派種姓
Selbstvergottung	自我神格化
Seligkeit	禪悅
Sena	仙納
Senart	塞納
shaman	薩滿
siddhi	悉地，成就
Siena	西耶拿
Siggava	悉伽婆
Sikh	錫克教徒
Śilāditya	戒日王，尸羅阿迭多
Śilpa Castra	工作論

śilpasthāna-vidyā	工巧明
śima	布薩界，四摩
Sindh	辛德
Sippe	血族
śishya	弟子
Śiva	濕婆
Sivagana	濕婆迦納
skandha	蘊
Smārta	史曼爾塔派
Smriti, Smrti	聖傳文學，聖傳
Society of Friends	敎友派
Soma-Opfer	神酒獻祭
sopadhi-śesa-nirvāna	有餘涅槃
śrāddha	祖先祭
śramana	沙門
Srauta Sūtra	天啓經
śrāvaka	聲聞弟子
Śrāvasti	舍衛城
Śringeri	斯陵吉里
srota-āpanna	須陀洹
śruta	聞智
śruti	天啓
Stamm	部族
Stammeshandwerk	部族工匠
Stand	身分團體，身分
Starjez Ssossima	史塔列茲·曹西瑪
Steinen	史坦能
sthāvara-linga	寺廟靈根
Strabo	斯特拉波
stūpa	佛塔
Sudas	蘇達斯
Śūdra	首陀羅
sudurjayā	難勝地

Sūfī	(回敎)蘇非派
Sukhāvati	極樂
sūnrta	禁不實
śūnya	空
Sūrya	太陽神
Svāmi Nārayana	濕瓦米・那拿耶那
Svat	蘇伐多河
Svayambhava	斯婆闍菩婆
Śvetāmbara	白衣派
Śvetaketu	休外他凱都
Sybaris	西巴利斯
Synodalordnungen	最高宗敎會議
Ta Indika	印度記
Ta-rai	塔拉伊
Takshaśilā	呾叉始羅
Talukdari	土地領主
tamas	翳質
Tamil	坦米爾
tantra	怛特羅
Tapas	苦行，多波尸
Tarkavadins	懷疑派
tat tvam asi	此即爾也
Tatenfremdheit	漠然於行動
Tathāgata	如來，救世者
Tempelprostitution	神殿賣淫
Territorialwirtschaft	領域經濟
Tertiarier	第三敎團
thakur	封建領主
Thammaraja Luthai	(暹邏)立泰王
The Sacred Books of the East	東方聖書
Theophratrien	信仰共同體
Tilorakot	提羅拉寇特

Timur	帖木耳
Tirthankara	悌爾旃卡拉
Tosali	杜啥離
Totem	圖騰
trayah kāyāh	三身
Trent	特倫特
Treta	特列塔
Treves	托來弗
tristubh	特利西陀布
Troeltsch, Ernst	特洛爾區
Tryambaka	三母
Tschandala	羌達拉
Tson-kha-pa	宗喀巴
Tulukdar	吐魯達
Tusita	兜率天
Udas	烏達斯，手工業者
Uddalaka	烏達拿克
Uddiyāna	烏場
Udgatar	詠歌者
Ugradeva	荒神
ūha	理性深思
Ujayana	優禪尼國，鄔闍衍那
Ulūka	優樓佉
Ulavar	烏拉瓦
Umstand	見證人
Unpersönlichkeit	非個人性
Unsachlichkeit	非切事性
upādhi	物質化
upādhyāya	和尚
Upāli	優婆離
upāsaka	優婆塞
upāya	策略，方便，義務

upadhi-samniśrita	物依止，執著
Upanayana	入法禮
Upanisad	奧義書，近坐，侍坐
Upapurāna	續富蘭那
uparaya	副王
uposathāgāra	布薩堂，說戒堂
Urga	庫倫
Urteilsfinder	判決發現人，審判人
Urteilsfrage	判決質問
Urteilsschelte	判決非難
Urteilsvorschlag	判決提案
Vagrakhedika	金剛般若經
Vaiśāli	毘舍離
Vaiśeshika	勝論派
Vaiśeshika-sūtra	勝論經
Vaiśya	吠舍
Vaibhāsā	毘婆沙師
Vaikhānasa	掘根者
Vairocana	毘盧遮那
Vallabhācārya	瓦拉巴阿闍梨派
Vallabha	瓦拉巴
Vallala Sena	瓦拉拉仙納
Vānaprastha	林棲期
Vanik	商人
varna	顏色
Varuna	婆樓那
Vasischtha	婆藪仙人，婆私吒
Vasubandhu	世親
Vasudeva	婆藪天
Vedānga	吠陀六支分
Vedānta	吠檀多派
Vellalar	委拉拉

Veralltäglichung	日常化
Verbrüderung	兄弟愛
Vergesellschaftung der Krieger	戰士組合
Verwehen	入滅
vihāra	僧房
vimalā	離垢地
vimoksa	解脫
vinaya	毗奈耶，律藏
virāga	離染
Visnu	毘濕奴
Viśvakarma	毘首羯磨，工藝之神
Viśvamithra	毘濕瓦米朵拉
Viśvedevāh	維須外瓦哈
Vitthalnātha	維他那薩
Vivanhvant	威梵哈梵特
Vivasvat	日神，毘瓦什瓦特
Vrātya	浮浪者
Vritra	烏里特那，龍
Vyāsa	廣博仙人，毘耶娑
Wasserherr	水主
Watan-Land	職田
Weltepochentheorie	世界時階理論
Werkheiligkeit	善業往生
William Penn	威廉潘
Willkür bricht Landrecht	自由裁量高於一般法
Wilson, H. H.	威爾森
Winternitz	溫特尼茨
Wittenberger	威騰伯格
Wunder	奇蹟
Yājñavalkya	祭皮衣仙，耶求那華爾克雅
Yajurveda	夜柔吠陀

Yama	焰摩，耶魔，閻魔
yama	五制戒
Yama-pura	焰摩城
Yami	閻美
Yasa	耶舍
Yati	苦行者
Yavana	雅瓦那人，耶婆尼人
Yima	伊摩
yoga-tantra	瑜伽怛特羅
Yogins	瑜伽行者
Yudhischthira	堅陣

Zamindar	查米達
Zauber	咒術
Zend Avesta	阿凡士塔注
Zimmer	齊默
Zinzendorf	欽岑朵夫
Zunft	手工業行會

索　引

八劃

九劃

十六劃

十七劃

十八劃

十九劃

二十劃

國家圖書館出版品預行編目資料

印度的宗教：印度教與佛教 / 韋伯（Max Weber
）著；康樂,簡惠美譯. -- 初版. -- 臺北市
：遠流, 1996[民 85]
　冊；　公分. -- （新橋譯叢；37-38 ）
譯自： Hinduismus und Buddhismus
參考書目：面
含索引
ISBN 957-32-2886-6(一套：平裝)

1. 印度教　　2. 佛教

274　　　　　　　　　　　　　　　　85007843

新橋譯叢

康樂總主編

＊本書目所列定價如與書內版權頁不符，以版權頁定價為準。

＊本書目所列定價如與書內版權頁不符，以版權頁定價為準。

西方文化叢書

高宣揚主編

＊本書目所列定價如與書內版權頁不符，以版權頁定價為準。

*本書目所列定價如與書內版權頁不符，以版權頁定價為準。

人文科學叢書

高宣揚主編

＊本書目所列定價如與書內版權頁不符，以版權頁定價為準。

＊本書目所列定價如與書內版權頁不符，以版權頁定價為準。

人與社會名著譯叢